Tornar-se gay

O caminho da auto-aceitação

Dados Internacionais de Catalogação na Publicação (CIP)
(Câmara Brasileira do Livro, SP, Brasil)

Isay, Richard A.
Tornar-se gay: o caminho da auto-aceitação / Richard A. Isay ;
[tradução Dinah Klebe]. – São Paulo : Summus, 1998.

Título original: Becoming gay.

ISBN 85-86755-01-X

1. Auto-aceitação 2. Homens gays – Psicologia 3. Homens gays –
Saúde mental 4. Psicanálise e homossexualidade I. Título.

97-5775   CDD-155.3

Índices para catálogo sistemático:

1. Homens gays: Auto-aceitação: Psicologia sexual 155.3

Compre em lugar de fotocopiar.
Cada real que você dá por um livro recompensa seus autores
e os convida a produzir mais sobre o tema;
incentiva seus editores a traduzir, encomendar e publicar
outras obras sobre o assunto;
e paga aos livreiros por estocar e levar até você livros
para a sua informação e entretenimento.
Cada real que você dá pela fotocópia não-autorizada de um livro
financia um crime
e ajuda a matar a produção intelectual.

Tornar-se gay

O caminho da auto-aceitação

RICHARD A. ISAY

Do original em língua inglesa **BECOMING GAY**
Copyright © 1996 by Richard A. Isay
Publicado por acordo com a Pantheon Books,
uma divisão da Random House, Inc.
Direitos para a língua portuguesa adquiridos por
Summus Editorial, que se reserva a propriedade desta tradução

Tradução: **Dinah Klebe**
Preparação: **Cecília Saint-Pierre**
Projeto gráfico e capa: **Brasil Verde**
Editoração eletrônica: **Acqua Estúdio Gráfico**
Editora responsável: **Laura Bacellar**

Edições GLS
Rua Domingos de Morais, 2132 conj. 61
04036-000 São Paulo SP
Fone (011) 5392801

Atendimento ao consumidor:
Summus Editorial
Rua Cardoso de Almeida, 1287
05013-001 São Paulo SP
Fone (011) 3872-3322

Distribuição:
Fone (011) 8359794

Impresso no Brasil

Para
Gordon Harrel

A coragem de ser é a coragem de aceitar a si mesmo como aceito apesar de se ser inaceitável.

Paul Tillich

AGRADECIMENTOS

Sou grato pelas oportunidades que me foram dadas de discorrer sobre este livro em ilustres departamentos de psiquiatria de inúmeros centros médicos pelo país afora, em conferências de diversas sociedades psicanalíticas, em simpósios nos encontros anuais da *American Psychiatric Association* (Associação Americana de Psiquiatria) e em encontros da Associação Nacional da Saúde de Gays e Lésbicas. Especialmente gratificantes foram os convites para falar a grupos de estudantes: da Aliança Gay e Lésbica da Faculdade de Serviço Social da Universidade de Nova York; do Grupo Lamda da Área de Saúde da Universidade de Columbia; da Associação Estudantil Gay, Lésbica e Bissexual da Faculdade de Medicina de Harvard e da Associação Gay e Lésbica da Faculdade de Medicina da Universidade Cornell.

Foi um privilégio ser chamado para fazer apresentações em plenário no Instituto da Identidade Humana de Nova York; num encontro do grupo Integridade durante a Convenção Geral da Igreja Episcopal em Indianápolis; na Conferência Sulista sobre Questões Relacionadas à Saúde de Gays, Lésbicas e Transexuais na Flórida; e no encontro anual da Associação dos Médicos Americanos pelos Direitos Humanos em Nova York. Ainda antes, tive a oportunidade de discorrer sobre vários capítulos numa conferência de um dia inteiro patrocinada pelo Sociedade de Serviço Clínico Social do Estado de Washington, em Seattle.

Linda Healey foi uma editora inteligente e consciensiosa. Suas leituras cuidadosas, as sugestões que tanto ajudaram a melhorar a qualidade de meus manuscritos e seu irrestrito entusiasmo foram profundamente importantes para mim. Andrea Miller digitou folha após folha do manuscrito, corrigindo silenciosamente meus erros gramaticais e ortográficos e sempre oferecendo seu apoio. John Markowitz, professor adjunto de psiquiatria clínica na Faculdade de Medicina Cornell, foi um leitor de grande ajuda do capítulo em que trato de pacientes com HIV e AIDS.

Gordon Harrell concedeu-me tempo para escrever e constância, amor, afeto e paciência para que eu pudesse fazê-lo. Sou grato a ele por isso e por muito mais.

Finalmente, quero expressar minha profunda consideração por meus pacientes, cujo empenho em se examinar tornou possível tanto a conclusão deste livro quanto a legitimidade de um diálogo.

SUMÁRIO

INTRODUÇÃO. Ser homossexual e tornar-se gay _____ 11

1. Tornar-se gay: uma odisséia pessoal _____ 17

2. O terapeuta gay _____ 41

3. O adolescente homossexual _____ 63

4. O dilema dos homossexuais casados _____ 83

5. O desenvolvimento de uma identidade gay positiva
   com HIV ou AIDS _____ 109

6. Tornar-se gay quando mais velho _____ 125

7. Oposição ao preconceito institucional: a discriminação
   dos gays na psicanálise _____ 139

NOTAS _____ 157

SOBRE O AUTOR _____ 169

APÊNDICE BRASILEIRO
Grupos e instituições de apoio a gays, lésbicas,
bissexuais e transgenéricos _____ 171

INTRODUÇÃO

Ser homossexual e tornar-se gay

A visão mais amplamente aceita a respeito da origem e natureza do homossexualismo masculino, durante a maior parte dos meus trinta anos de carreira como psicanalista e psicoterapeuta, foi aquela oferecida pela psicanálise freudiana tradicional. Segundo esta teoria, um homem deseja alguém do mesmo sexo pelo fato de ter tido uma mãe repressora, dominadora, que o impediu de se aproximar de seu pai e assim identificar-se com ele, ou ainda, por ter tido um pai emocionalmente distante ou fisicamente ausente, que fez com que seu filho se voltasse para a mãe e se identificasse com a mesma. Em ambos os casos o resultado seria uma "feminilização" do menino devida à sua identificação com a mãe e não com o pai, o que faria com que, por volta dos cinco ou seis anos, na época da crise edipiana, ele se desviasse da heterossexualidade "normal" e se pervertesse, passando a desejar outros homens ao invés de mulheres.

As mudanças ocorridas na visão psicanalítica com respeito ao homossexualismo masculino até meados dos anos 80 foram pouco significativas.[1] Embora os analistas já não comparassem mais as relações homossexuais com as esquizofrênicas,[2] nem afirmassem que os homossexuais eram "predadores... incapazes de se tornar bons cidadãos em qualquer sociedade",[3] como havia sido comum apenas uma década antes, a maior parte dos psicanalistas e psicoterapeutas orientados analiticamente ainda se aferrava à idéia de que um desenvolvimento normal conduziria somente à heterossexualidade, e que os mesmos problemas de infância na relação com os pais que

11

provocariam o homossexualismo produziriam também sérios distúrbios de personalidade em todos os homossexuais. Esta teoria afetou muito a auto-estima de vários gays. Eu tive uma oportunidade ímpar em minha carreira. Na primeira metade da mesma atendi apenas homens heterossexuais, enquanto que na segunda foram os homossexuais que predominaram. Em 1980 comecei a trabalhar com pacientes gays que não manifestavam interesse em mudar sua orientação sexual. Eles vinham a mim com problemas referentes à subsistência, trabalho e relacionamentos que eram similares aos de meus pacientes heterossexuais dos anos anteriores. Suas histórias, somadas a estudos que indicavam que a ocorrência de homossexualismo é mais alta em gêmeos monozigóticos que em dizigóticos e irmãos não gêmeos, me convenceu de que o homossexualismo masculino era uma questão de constituição pessoal, provavelmente determinada geneticamente.[4] Esta conclusão contradizia a visão psicanalítica vigente de que o homossexualismo era causado por uma relação problemática com os pais na infância.

Pude constatar que assim como os heterossexuais se recordam de sentir atração pelo sexo oposto desde a mais tenra idade, também os homossexuais relatam ter experienciado atração por pessoas do mesmo sexo já aos quatro, cinco ou seis anos. No caso dos gays, a primeira atração é pelo pai ou seu substituto. Esta atração é freqüentemente reprimida e, da mesma forma como a atração infantil dos heterossexuais pela mãe, é lembrada posteriormente com muita dificuldade ou de forma distorcida, projetada em outro homem, tal como um irmão mais velho, parente ou amigo da família. Seguindo o raciocínio da maioria dos psicanalistas, segundo o qual o surgimento da atração pelo sexo oposto sugere uma predisposição à heterossexualidade, concluí que isto também se aplica à atração pelo mesmo sexo que ocorre entre os homossexuais masculinos.

As fantasias sexuais e desejos eróticos com pessoas do mesmo sexo relatadas por homossexuais, assim como as fantasias em relação ao sexo oposto desenvolvidas pelos heterossexuais com quem trabalhei, costumavam persistir por toda a vida, sugerindo também uma base biológica e não familiar em sua orientação sexual.

Meus pacientes gays referiam-se com freqüência ao fato de terem se sentido "diferentes" quando crianças, aos quatro, cinco ou seis anos de idade. Diferença esta manifestada apenas como uma maior sensibilidade, interesses estéticos mais desenvolvidos, ou falta de interesse em atividades rudes, mas também eventualmente se recordavam de uma atração sexual diferente. A lembrança de serem garotos atípicos, apesar de verdadeira, era muitas vezes usada inconscientemente como uma espécie de proteção para impedir que se lembrassem de ter sentido atração pelo pai.

Eu não notei nenhuma diferença determinante entre os pais de meus pacientes heterossexuais e os de meus pacientes homossexuais. Trabalhei com homens heterossexuais que tiveram pais distantes e mães dominadoras, e de homens homossexuais com pais amorosos de comportamento dentro da média. Contudo, o pai de um filho homossexual pode sentir repulsa por ele devido ao desconforto causado pelo afeto ou atração de seu filho, ou ainda pelos trejeitos e comportamentos femininos característicos de muitos destes meninos.[5] Quanto menos masculina é a aparência do menino, mais provável é que o pai o rejeite em favor de outros irmãos. Isto atinge em cheio a auto-imagem e o bem-estar emocional de muitas crianças homossexuais, o que se agravará mais tarde com a rejeição, discriminação e hostilidade dos amigos, podendo causar prejuízos emocionais significativos e afetar a natureza e qualidade de suas relações adultas.

Outra constatação contribuiu para a minha conclusão de que o homossexualismo era ditado biologicamente e não pelo meio ambiente: graves danos psicológicos eram causados pelas tentativas de terapeutas em transformar o comportamento homossexual de seus pacientes em heterossexual ou simplesmente inibir seus impulsos homossexuais. Apesar de o esforço em transformar qualquer comportamento cristalizado ser capaz de gerar angústias, tenha este comportamento sido determinado por fatores ambientais ou genéticos, foi a gravidade da depressão e ansiedade causadas por estas tentativas que me fez pensar na possibilidade de uma base biológica na orientação sexual de meus pacientes.[6]

Com base em minhas observações clínicas, incluindo o efeito inibidor da sociedade e o conflito psicológico presente no comportamento homossexual, propus em *Being homosexual* (Ser homossexual) que o homossexualismo não deveria ser definido a partir do comportamento, e sim a partir da atração erótica predominante por pessoas do mesmo sexo desde a infância. Não é preciso concretizar uma atividade sexual para ser considerado homossexual, assim como também não o é no caso dos heterossexuais. De fato, para ser homossexual não é nem mesmo preciso que a pessoa se dê conta de suas fantasias sexuais, as quais podem ter sido reprimidas pelo conflito e pela interiorização de uma tendência social. Tais fantasias poderiam se manifestar com maior clareza ao longo de uma análise ou terapia conduzida de maneira adequada.

Este livro, assim como *Being homosexual*, enfoca apenas o desenvolvimento de homossexuais masculinos, visto que minha experiência clínica e observação pessoal se deram principalmente com os mesmos. Em meu livro anterior usei os termos "homossexual" e "gay" como sinônimos, na tentativa de fazer com que meus colegas analistas abandonassem o modelo médico de homossexualismo enquanto patologia e desvio, e assumissem uma posição mais humanista, científica e clinicamente útil. Mas em *Tornar-se gay* passei a usar o termo "gay" para designar o homem que está consciente de ser homossexual e que desenvolve um identidade pessoal como homossexual. Embora as observações clínicas e os estudos empíricos sugerirem que já se nasce homossexual, o meu trabalho deixou claro que ser gay é algo que se aprende. A maneira, assim como a desenvoltura com que cada um expressa seus impulsos sexuais, ou até mesmo o fato de eles serem expressos ou não, parecem determinados por normas sociais e culturais aliadas às nossas primeiras experiências e relacionamentos.

Vários adolescentes homossexuais, como exemplo do que acontece em nossa cultura, namoram garotas ou tentam manter relações sexuais com elas apesar da ausência de desejo heterossexual, para satisfazer as expectativas dos pais, amigos e sociedade. Já na Grécia Antiga, ter um adolescente como amante era sinal de status social para um heterossexual bem-nascido, contanto que o homem mais velho fosse o parceiro ativo na relação sexual. Era uma honra para o jovem ser amado e desejado por um homem de status e poder, e atender às suas solicitações sexuais era visto como uma espécie de presente doado por este jovem ao homem mais velho.[7]

Numa cultura moderna, apesar de distante, adolescentes de Sambia, Nova Guiné, são inseminados pelos mais velhos como parte de seus ritos de iniciação na masculinidade. Assim como na Grécia antiga, é provável que alguns dos jovens de Sambia, como também os adultos que tomam parte nestas cerimônias homossexuais, tenham uma tendência nata para o homossexualismo, mas a maior parte dos adultos vive com mulheres e seus jovens parceiros são heterossexuais.[8] Para tornar-se gay é preciso ser capaz de se autodenominar "homossexual" ou "gay". Garotos homossexuais com pais amorosos, que aceitam seus desejos sexuais distintos e seu tipo diferente de masculinidade, costumam desenvolver uma auto-imagem forte e positiva. É provável também que consigam se assumir como "gays" antes e mais facilmente do que aqueles que sentiram necessidade de se adequar às expectativas sociais para serem amados. Meninos que foram rejeitados pelos pais por causa de sua condição homossexual, em geral, manifestarão, quando adultos, raiva e autopiedade, tornando-se portanto muito menos capazes de estabelecer relações adultas de amor mútuo do que aqueles que se sentiram aceitos e amados pelos pais.

A consciência da orientação sexual se intensifica no início da adolescência, através de fantasias homoeróticas prazerosas e posteriores experiências homossexuais. Experiências sexuais satisfatórias motivam o adolescente ou o jovem adulto que tem uma auto-imagem saudável a se assumir perante outros amigos gays e adultos, e posteriormente frente aos pais e membros próximos da família, consolidando sua identidade como um gay.[9]

É saudável que um adulto se assuma em todas as áreas da sua vida, inclusive para pessoas heterossexuais importantes em seu círculo de relações, para que haja uma continuidade entre vida privada, interna e vida externa social. Assumir-se alivia a ansiedade e a depressão causadas pela sensação de não autenticidade gerada pelo esforço em dissimular. Gays não assumidos são circunspectos e extremamente cuidadosos em seu discurso e comportamento social. Uma vez que se assumem como gays, afirmam invariavelmente que se sentem mais autoconfiantes e que todas as relações, inclusive aquelas com os heterossexuais mais próximos, tornaram-se mais autênticas e portanto mais gratificantes.

Numa sociedade preconceituosa, uma ativa oposição gay à discriminação é vital para solidificar uma identidade social e um sentimento positivo a respeito da própria condição. Um gay vinculado a instituições, organizações ou profissões que discriminem homossexuais revela uma auto-imagem negativa se não contestar esta realidade, não importando o quanto ele se desenvolva em outras áreas de sua vida.[10] A raiva gerada por este tipo de discriminação que não for utilizada para combatê-la será inevitavelmente dirigida contra si mesmo, traduzida em atitudes masoquistas, depressão e baixa autoestima.

O antídoto mais eficaz contra a baixa auto-estima da maioria dos gays em nossa sociedade, no entanto, é a certeza do amor de outro homem. É o amor do outro que possibilita ao longo do tempo uma maior clareza e certeza a respeito de sua identidade pessoal como gay. Somente assim ser gay torna-se indispensável para a própria felicidade.

Tornar-se gay fala sobre como meus pacientes aprenderam a ser gays, as experiências pelas quais passaram em diferentes estágios de suas vidas. Fala também sobre como eu mesmo me tornei um gay e como, ao longo de minha vida pessoal e profissional, o desenvolvimento de uma condição revelada na infância tornou esta jornada dolorosa e por vezes arriscada.

Apesar de este livro não ser um livro sobre psicanálise, espero que ajude os clínicos a identificar aspectos da vida de seus pacientes homossexuais que os tenham impedido de amarem a si mesmos e de serem positivos em relação à sua identidade gay. Espero ainda que *Tornar-se gay* aprofunde a compreensão que os gays têm de si mesmos e de seu desenvolvimento.

1
Tornar-se gay:
uma odisséia pessoal

*Nós buscamos outras realidades porque não sabemos como
desfrutar da nossa; e saímos de dentro de nós mesmos pelo
desejo de saber como é o nosso interior.*
Montaigne

Na década de 60, a maioria de nós, estudantes do departamento de psiquiatria da Universidade de Yale, acreditava que a psicanálise era o tratamento ideal para distúrbios emocionais. O analista, munido de uma técnica esotérica que incluía um divã, livre associação e quatro ou cinco sessões semanais por pelo menos alguns anos, parecia ter maior acesso aos recônditos da mente (tanto da sua própria quanto da de outros) que o psiquiatra, com suas sessões frente a frente com o paciente, uma ou duas vezes por semana. A psicanálise oferecia além disso uma teoria muito abrangente a respeito do funcionamento mental e do desenvolvimento humano, e ler Freud era, além de intelectualmente atraente, também muito interessante. A maioria dos residentes de psiquiatria da época queria ser analisada; muitos de nós desejavam tornar-se analistas.

Eu quis me tornar psicanalista desde o meu terceiro ano na Faculdade de Haverford. Tive oportunidade de ler, durante um curso de filosofia do século XIX, as obras de Shopenhauer e Nietzsche, cujas visões sobre as fontes irracionais do comportamento humano e o inconsciente me intrigavam. O pensamento especulativo de Jung sobre mitos, arquétipos e imagens arquetípicas formaram uma ponte entre o meu interesse por filosofia e uma crescente fascinação pela psicologia acadêmica. Não tinha a menor idéia de que o meu nascente interesse pelos mistérios da mente se devia à angústia e à confusão geradas por uma constante atração por outros rapazes. Eu me apaixonei por um de meus colegas de classe no primeiro ano de faculdade. Vi Bob pela primeira vez no trem, voltando do feriado do Dia de Ação de Graças. Ele tinha um corpo esbelto, proporcional e atlético, cabelos escuros muito bem penteados, olhos castanhos delicados e inteligentes, e um sorriso amável e envolvente. Eu o achava incrivelmente bonito. Admirava a sua segurança com nossos colegas de classe e o quanto eles, por sua vez, desejavam que ele gostasse deles. Apesar de muito tímido para falar com ele no trem, prestei atenção em cada movimento seu, e aos poucos foram crescendo em mim uma paixão e uma determinação de conhecê-lo. Como morávamos no mesmo dormitório, eu, com uma despreocupação estudada que disfarçava a minha excitação, achava sempre um jeito de ir até o seu quarto para conversar. Aos poucos nos tornamos amigos e decidimos morar juntos no ano seguinte. Eu me mudei para o quarto que ele dividia com dois outros colegas.

Quando estava no segundo ano, um recém-formado pelo programa de psicologia clínica em Harvard veio lecionar na Faculdade de Haverford. Era um professor exigente e dinâmico, interessado na teoria psicanalítica e em como a psicanálise havia contribuído para a compreensão das motivações e comportamento humanos. Durante o seu curso sobre personalidade, nós entramos em contato com a visão de Freud a respeito do homossexualismo, caracterizado por ele como perversão. Eu me convenci de que estava doente, mas, com alívio, descobri no semestre seguinte, em seu curso sobre desenvolvimento humano, que era natural sentir uma certa atração por outros rapazes durante a adolescência e que minha louca paixão por Bob era uma fase passageira que em breve daria lugar a uma paixão de igual intensidade por garotas.

Como nunca me senti atraído por meninas, eu namorava muito pouco. Passava minhas noites e fins de semana estudando, muitas vezes apenas para evitar a sensação de tempo livre. Todos os meus colegas de quarto eram estudantes muito dedicados. Bob estava estudando para medicina e dava duro, ainda que suas consideráveis conquistas acadêmicas parecessem quase sempre fáceis. O outro colega de quarto era Jack, um bolsista alemão que, além de estudar para medicina, ainda mergulhava na literatura alemã. A dedicação deles para com os propósitos acadêmicos, somada à minha própria, faziam com que namorar se tornasse algo praticamente desnecessário para mim, exceto em raras ocasiões, como no baile anual da faculdade, quando sentia uma pressão social nesse sentido.

Ansiava pela hora em que eu e Bob ficaríamos sozinhos e tinha ciúmes quando ele ficava com outros amigos, especialmente com sua namorada. Eu fantasiava passar o resto da minha vida com ele, desejava ter livre acesso a ele e o tempo e a liberdade de tocá-lo e ficar perto dele para sempre. Eu sabia que tinha me apaixonado, mas achei que isso se devia ao fato de ele ser uma pessoa gentil e atenciosa. A idéia de que o meu desejo era a expressão apaixonada de um orientação sexual nunca havia passado pela minha cabeça. Apesar de eu e Bob termos algo de caráter sexual, eu não me autodenominava "homossexual". Comecei a achar que minha atração por ele tinha graves características neuróticas, pois já não estava certo de pertencer à categoria daqueles adolescentes "normais", que tinham apenas pensamentos ocasionais a respeito de outros garotos.

No terceiro ano de faculdade, minha ligação com Bob já me preocupava a ponto de tentar falar sobre isso com meu professor de psicologia. No caminho para o seu consultório, lembrei-me de sua resposta à pergunta de um aluno sobre como seria possível distinguir um rapaz de seus dezoito ou dezenove anos com pensamentos homossexuais normais de alguém realmente homossexual. "Você deve se preocupar", ele disse, "se ao ver um soldado de uniforme, ele lhe parecer atraente e você se puser a imaginar como é o seu corpo." Quando cheguei na porta de seu consultório, convencido de que ele acharia que eu era homossexual, apesar de eu mesmo não ser capaz de reconhecê-lo, decidi não mencionar que estava apaixonado e em vez disso falei sobre minha indecisão a respeito da carreira. Pareceu-me ter detectado alguma incredulidade de sua parte quando ele perguntou se havia mais alguma coisa me perturbando, e eu, muito incomodado respondi: "Não".

Eu estava realmente apreensivo com o futuro de minha carreira. No segundo semestre do penúltimo ano, decidi que iria me licenciar em psicologia clínica para me tornar um psicanalista, uma decisão que eu sabia ser em parte motivada pela preocupação com minha angústia emocional e pela crença de que eu poderia me beneficiar com o tratamento. Porém, na primavera daquele ano, como presidente do Clube de Psicologia de Haverford-Bryn Mawr, tive a oportunidade de passar algum tempo com o famoso psicanalista Erich Fromm, que fora convidado para lecionar na faculdade. Ele estava acompanhado de sua segunda mulher, uma loura muito atraente que parecia um pouco mais jovem que ele. Fiquei impressionado em ver o quanto eles se adoravam, e, apesar de ser evidente que ele preferiria ficar sozinho com sua nova mulher, aproveitei cada oportunidade para falar com ele sobre o futuro de minha carreira. Fromm havia estudado sociologia e ciências políticas antes de fazer psicanálise, mas me aconselhou a fazer a faculdade de medicina e me tornar um psiquiatra antes de receber o treinamento psicanalítico, assegurando-me que a psiquiatria ofereceria melhores oportunidades e maior segurança financeira que a psicologia.

Ao final do penúltimo ano, decidi seguir o seu conselho e comecei a freqüentar os puxados cursos pré-médicos necessários para tal. Nem o último ano de faculdade, quando iniciei meus estudos pré-médicos, nem o ano de pós-graduação ou mesmo os dois primeiros anos de estudos na faculdade de medicina me despertaram grande interesse acadêmico. Os cursos me deixavam apenas preocupado e deprimido. Eu estava muito ocupado para namorar e muito angustiado para me dar conta do meu desejo homossexual.

Bob me disse, na primavera de nosso último ano de faculdade, que tinha planos de se casar imediatamente após a formatura. Enciumado e enraivecido, eu lhe disse aos prantos que me opunha ao seu casamento. Ele me ouviu pacientemente, mas ficou aliviado quando soube que eu viajaria no verão e não poderia comparecer à cerimônia. Mais tarde, quando eu ocasionalmente o visitava durante o fim de semana em Boston, onde ele fazia a faculdade de medicina, eu me consumia de angústia e ciúme toda vez que ele e sua mulher se recolhiam para o quarto. A depressão em que entrei por ter que me separar dele contribuiu para a minha falta de interesse por sexo durante esse período.

Eu tinha consciência das minhas fantasias masturbatórias homossexuais e por vezes também do meu anseio em estabelecer contato sexual com outros homens, mas continuava a acreditar que esses desejos eram sintomas de dificuldades emocionais que poderiam ser curadas. Eu havia lido bastante sobre psicanálise para me convencer de que, como acreditavam os analistas naquela época, se eu não estava efetivamente tendo relações sexuais com outro homem, eu não era realmente homossexual. Além do mais, àquela altura, estava convencido de que, para ser aceito para o treinamento de psiquiatras ou psicanalistas, eu tinha que ser heterossexual, portanto, no segundo ano de medicina eu me determinei a namorar garotas.

Conheci minha futura mulher no verão que antecedeu o terceiro ano de faculdade. Nós saímos várias vezes, enquanto eu estava em Nova York cursando uma bolsa de estudos e ela em férias da faculdade. Eu achava que o fato de não me sentir atraído por mulheres era um sinal da gravidade dos meus problemas emocionais. Minha falta de paixão deixou-me mais ansioso do que nunca para começar um tratamento. Acreditava que com a ajuda de um analista, e contanto que eu não cedesse aos meus impulsos homossexuais, seria capaz de tirar este tipo de sentimento da cabeça e eventualmente até me casar.

Eu não tive contato com ela por três anos. Embora a exaustão provocada pelo ano como residente em Cleveland tenha quase acabado com minhas inclinações sociais e meu desejo sexual, dei-me conta da atração que sentia por alguns dos homens que dividiam comigo os quartos interligados. Fiquei ávido por começar o tratamento no ano seguinte para me livrar destes impulsos indesejáveis.

Comecei a procurar um analista dois meses depois de iniciar o meu treinamento em psiquiatria em Yale. Falei com dois. Ambos tinham certificados que os autorizavam a analisar candidatos em treinamento psicanalítico, motivo pelo qual supus que fossem profissionais versados e competentes. O primeiro era o presidente do Comitê de Educação do Instituto de Psicanálise da Nova Inglaterra em New Haven. Quando eu telefonei para marcar hora, sua secretária me disse que isso só poderia ser feito mediante uma carta que descrevesse a natureza das dificuldades que eu desejava tratar. Como ele era o diretor de educação do instituto, pensei que fosse o melhor analista disponível. Achei que deveria atender ao seu pedido e colocar meus problemas no papel, pois isto deveria ter um significado técnico importante. Vários anos depois ele me disse que tinha uma certa fobia e que evitava falar ao telefone, a menos que fosse impossível evitar.

Durante a consulta ele me perguntou a respeito de minhas experiências sexuais com garotas. Eu não tive dificuldade em lhe contar que não havia tido nenhuma, uma vez que ele, bem acima do peso, careca e tímido, havia me dado a impressão de ser assexuado. Contudo, até ele pareceu surpreso pela minha falta de experiência e atividade sexual.

Contei a ele que na época da escola ficava excitado quando lutava com meu amigo Lou em seu sótão nos fins de semana e que havia mantido uma leve atividade sexual durante a faculdade com meu colega Bob, mas nem pensei em contar-lhe que havia me apaixonado, já que ele parecia interessado apenas no meu comportamento sexual e não no meu desejo de ser amado por outro homem. Ele não me fez perguntas sobre minhas fantasias masturbatórias homossexuais. Parecia convencido de que eu não era homossexual devido à minha relativa falta de experiências homossexuais e por estar mais uma vez tentando namorar mulheres. Naquela época eu compartilhava de sua convicção de que o homossexualismo era simplesmente uma questão de sexo e não de amor, e já que eu não efetivava o meu desejo, estava apenas emocionalmente perturbado, mas não era homossexual e poderia me tornar um heterossexual.

Eu gostei desse homem por sua falta de pretensão e por sua receptividade emocional. Sentia-me estranhamente à vontade com suas óbvias excentricidades. Estava lisonjeado por ter sido aceito como seu paciente, mas ele só podia me atender uma vez por semana até ter mais tempo disponível para começar uma análise no ano seguinte. Como eu acreditava que só poderia me "curar" se tivesse sessões todos os dias, decidi procurar outro analista.

Ruben Samuels tinha a reputação de ser um "cara legal". Tinha por volta de cinqüenta anos e também havia sido designado pela Associação Americana de Psicanálise para treinar futuros analistas. Parecia ser gentil, inteligente e paciente, apesar de um pouco deprimido. Animou-se ao saber que eu não tinha feito sexo com um homem desde a faculdade, e estava claramente entusiasmado com a minha persistência em namorar. Ele parecia muito "normal". Eu tinha ouvido dizer que ele nadava regularmente no Centro Comunitário Judaico, o que deu a mim, que nunca tinha sido muito atlético, a sensação de que, ao contrário de mim, ele era uma pessoa absolutamente heterossexual. Apesar de sua aparente normalidade me causar um certo desconforto, decidi começar a análise assim que ele tivesse uma janela, o que se deu alguns meses depois de minha primeira entrevista. Eu havia encontrado um analista que se parecia como o pai que eu gostaria de ter tido.

Meu pai morreu de repente, de um enfarto do miocárdio, três dias depois do meu aniversário de doze anos. Ele havia deixado a faculdade no primeiro ano para trabalhar e, apesar de ser mais caloroso, e com certeza mais gentil que minha mãe, não compartilhava de seus interesses educacionais e culturais. Seus amigos, assim como ele, pareciam mais inclinados para o esporte e muito pouco interessados em questões intelectuais. Eu era tímido, introvertido, desajeitado e nada atlético. Sempre achei que o havia desapontado por não ser masculino o bastante.

Meu analista parecia ser gentil e masculino como o meu pai, mas também tinha a curiosidade intelectual de que meu pai parecia carecer. Como compartilhávamos o mesmo entusiasmo pela psicanálise, eu acreditei que teria uma oportunidade de resgatar aí a relação com meu pai.

Apesar de ser um bom residente de psiquiatria e gostar do meu trabalho, eu me sentia sozinho, deprimido, e às vezes desesperado. Achava que o meu desespero era resultado da incapacidade de expressar minha heterossexualidade inibida; jamais pensei que pudesse ser o resultado da negação e do abafamento da minha homossexualidade. Eu já havia me dado conta da intensidade de meus sentimentos homossexuais e é provável que já soubesse inconscientemente o quão fútil seria tentar despertar a minha suposta heterossexualidade; porém, como eu pensava em mim como uma pessoa emocionalmente perturbada e não como um gay, eu não havia considerado a hipótese de encontrar gratificação sexual e emocional com outro homem.

Gostei de minha esposa desde o dia em que a conheci. Sabia que ela tinha as qualidades de caráter e a inteligência de alguém com quem eu poderia me casar, mas não tinha falado sobre isso com ela até um mês antes de minha consulta com o doutor Samuels. Eu queria desesperadamente agradá-lo e tentava fazê-lo me antecipando à sua vontade de que eu desistisse dos desejos homossexuais, namorando e fazendo sexo com garotas.

Eu havia esperado por volta de oito anos para começar um tratamento; os quatro meses entre a primeira entrevista com meu futuro analista e o começo da análise me pareceram intermináveis. No dia em que finalmente começamos, o doutor Samuels me explicou as regras básicas de dizer o que passasse pela minha cabeça. Eu me deitei no divã e lamentei minha solidão e incapacidade de sentir qualquer tipo de paixão. Após alguns dias decidimos que seis sessões semanais, em vez das habituais quatro ou cinco, seriam mais indicadas para o meu caso devido à gravidade da inibição de minha heterossexualidade e de minha considerável infelicidade.

Como todos os analistas daquela época, ele reafirmou a minha própria convicção de que a atração por homens era um grave problema emocional. Deu-me a entender que se eu tomasse consciência do pânico infantil pela raiva que meu pai sentia de minha proximidade com minha mãe, eu teria menos medo das conseqüências mortais do meu desejo heterossexual, a heterossexualidade desabrocharia e o desejo homossexual regrediria.

No meu segundo ano de análise, fiz sexo com uma mulher pela primeira vez, mas fiquei o tempo todo ansioso, com medo de perder a ereção, o que acontecia com uma freqüência constrangedora. O sexo não era apaixonado nem divertido. Neste mesmo ano, por um breve período de tempo, eu tive anestesia genital, um sintoma de angústia que o doutor Samuels interpretou como uma autocastração simbólica que expressava a minha ansiedade com o fato de me tornar cada vez mais heterossexual. Suas interpretações sobre o meu terror infantil a respeito da vingança de meu pai tiveram pouco efeito sobre a minha impotência. Foi só depois de terminar a análise que eu compreendi que esta dormência genital havia sido uma outra maneira de tentar agradar o meu analista, pois assim eu deixava de me masturbar e ter as fantasias homossexuais que surgiam de forma reveladora cada vez que eu o fazia.

No terceiro ano de análise, minha futura mulher e eu ficamos noivos. Meu analista, que nunca tinha me chamado pelo nome durante as sessões, porque achava que isto poderia afetar a sua neutralidade, me parabenizou entusiasticamente. Apesar de estar de férias naquela época, enviou um caloroso telegrama à sinagoga onde nos casamos no verão seguinte.

Durante os primeiros anos de casamento, uma impotência

persistente ocorria cada vez que Ruben saía de férias, sintoma que ele sempre interpretava como causado pelo medo da minha heterossexualidade e pela ansiedade, pesar e raiva reprimidas pela morte prematura de meu pai no início de minha adolescência. Eu não havia entendido, até terminar a análise, que qualquer comportamento heterossexual esporádico que eu tivesse tido havia sido motivado apenas pelo meu desejo de agradar meu analista, e que quando ele saía de férias, minha heterossexualidade fazia o mesmo.

A negação de minha homossexualidade sempre tinha sido muito forte, e agora o contato diário com meu analista, que expressava implícita e por vezes até explicitamente a sua visão de que eu era um heterossexual neuroticamente inibido, deixava-me pouco tempo livre para considerar a idéia de que eu era homossexual.

O desejo de me tornar um psicanalista também contribuía para a negação de minha homossexualidade. Os analistas supunham que o mesmo trauma de infância que fazia com que uma pessoa se tornasse homossexual produzia também desvios de personalidade tão sérios que analistas homossexuais não seriam capazes de manter o controle, neutralidade, atenção e empatia que capacitam alguém a fazer uma terapia eficiente. Homossexuais sexualmente ativos portanto não eram aceitos nos institutos de treinamento psicanalítico filiados à Associação Americana de Psicanálise. Como eu estava me esforçando para me livrar de minhas fantasias homossexuais e desinibir minha heterossexualidade, acreditava que poderia ser aceito, e assim decidi me candidatar ao treinamento psicanalítico.

Fui entrevistado por três bacharéis. Embora eu tivesse sido cauteloso a respeito de meu histórico sexual, o Comitê de Educação sem dúvida alguma entendeu a minha avidez por passar uma hora diariamente me autoproclamando neurótico como um sinal de saúde emocional. Além do mais, parecia impossível para professores de psicanálise, do mesmo modo como havia acontecido com meu analista, conciliar a minha boa reputação como residente de psiquiatria com um bom trabalho clínico junto aos pacientes com a idéia de que eu poderia ser homossexual. Eu não parecia, nem agia como se supunha que um homossexual parecesse ou agisse – efeminado, estranho, ou de alguma maneira pouco convencional. Por estas razões, creio eu, e porque eu não estava "concretizando" as minhas fantasias sexuais, o Comitê de Educação não me considerou homossexual e eu fui aceito para o treinamento.

Continuei a minha análise com o doutor Samuels. Minha auto-imagem e auto-estima aumentaram um pouco como resultado da lembrança dos aspectos problemáticos de minha infância que tinham sido reprimidos. A depressão contudo não melhorou, devido à dificuldade que agora eu sentia em ter qualquer sensação ou impulso sexual. Tinha também dificuldade de pensar claramente quando estava perto do meu analista. Ele acreditava que todos estes sintomas eram causados pela ansiedade em mostrar a ele a minha agressividade masculina, uma vez que eu sentia por ele o mesmo medo que sentia de meu pai. Mas a agressividade que me deixava ansioso não tinha nada a ver com masculinidade, como ele havia sugerido. Ela era causada pela necessidade de inibir a raiva crescente que eu sentia de meu analista. Eu estava gastando quase toda a minha energia psíquica para reprimir a minha sexualidade e a minha raiva, e em conseqüência ficava cada vez mais deprimido. Na verdade eu estava piorando e não melhorando.

Sou o filho do meio de três irmãos, situado entre um irmão mais velho com inclinações atléticas, que eu sentia ser o preferido de meus pais, e uma irmã três anos mais nova que era claramente adorada pelos seus lindos e cativantes modos. Eu era desajeitado, tímido e gordo, e quando minha irmã nasceu, eu pensei, como muitas crianças, que meus pais estavam ávidos pela sua chegada para que pudessem se livrar de mim. Ela era objeto de muita atenção, e quanto mais atenção ela ganhava, mais desobediente eu me tornava.

Uma das memórias mais antigas que resgatei na minha análise foi a de um fato ocorrido pouco depois do nascimento de minha irmã. Sentindo-me negligenciado por minha mãe, eu me recusei a deixá-la para ir para a cama. Contrariada, ela me amarrou com uma corda ao colchão e trancou a porta. Em meio ao terror e à fúria, tentei desesperadamente sair da cama, acabando por virar o colchão para cima de mim e adormecendo exausto tentando respirar.

Meus pais não eram afetuosos, nem entre eles nem com os filhos. Eu cresci acreditando que expressões de afeto e de excitação sexual não eram naturais nem apropriadas. Meu pai vivia permanentemente infeliz e deprimido. Ele passava fins de semana inteiros na cama; nós o víamos pouco e nossa criação ficava mais a cargo de minha mãe. Embora fosse mais tolerante do que ele com a minha falta de talentos atléticos e com meus interesses artísticos, ela se enfurecia mais rapidamente. Havia sido uma criança emocionalmente carente, tivera uma mãe dominadora e tinha pouca paciência com as necessidades emocionais de seus filhos. Ela exigia obediência e os castigos costumavam ser severos.

Como muitos garotos homossexuais, eu sentia que havia decepcionado o meu pai. Freqüentei um acampamento, apenas para agradá-lo, dos sete aos doze anos, deixando de ir, aliviado, no verão depois de sua morte.

Os últimos três anos tinham sido especialmente difíceis. Eu estava então num acampamento esportivo. Nossas atividades diárias iam invariavelmente do beisebol ao tênis, e uma vez por semana, para meu terror, lutávamos boxe. Eu gostava de nadar. Era o único momento em que não era preciso competir atleticamente e eu podia ficar boiando bastante tempo. Também gostava dos chuveiros e vestiários, onde observava os outros meninos com uma curiosidade e entusiasmo que não estavam presentes em outros momentos do dia.

Um mês depois do acampamento, e poucos dias depois de receber um relatório do diretor, meu pai me chamou para um passeio com ele e um amigo seu. Eu estava feliz por me sentar na frente, entre ele e um homem extremamente forte. Meu pai me pediu que tocasse nos braços musculosos de seu amigo. "É assim", disse ele, "que eu quero que você se pareça". Eu fiquei profundamente constrangido. Tive certeza de que havia sido um golpe para ele receber um relatório que dizia que eu era descoordenado, imaturo, além de ter sido o menino que mais sentia falta de casa. Meu pai morreu seis meses depois, aos quarenta e cinco anos, de um ataque do coração.

Pouco depois de sua morte, minha mãe passou a fazer comentários sobre o meu excesso de peso, meu jeito atrapalhado, tímido e nada atlético. Acho que ela temia que um adolescente retraído e sensível, que evitava esportes competitivos e carecia da presença de uma figura masculina, pudesse se tornar homossexual. Ela pediu ao pediatra da família que conversasse comigo sobre sexo. Depois de um exame físico minucioso, ele discorreu sobre a relação entre exercícios saudáveis e uma mente sã. Assegurou-me que o exercício também faria com que "eu me parecesse mais com um menino". Sugeriu que eu me exercitasse e me advertiu sobre a masturbação, algo que eu ainda não tinha experimentado, mas que logo depois tentei com sucesso.

Minha masturbação deve ter chamado a atenção de minha mãe, pois um amigo de meu pai veio à nossa casa uma tarde para me dizer que eu não deveria fazer aquilo que havia acabado de descobrir e me avisar que isto poderia interferir no meu interesse por meninas. Apesar de não me dissuadir, estas conversas me deixaram bastante preocupado com a possibilidade de qualquer pensamento erótico e fizeram com que eu me convencesse cada vez mais que a excitação sexual era não apenas imprópria, mas também ruim e nociva. Durante a análise fui levado a crer que a incapacidade de meus pais de expressar afeto e de expor a própria sexualidade, além de desencorajar a minha sexualidade de adolescente, contribuiu para a inibição do meu desejo heterossexual na vida adulta. Depois de terminada a análise, porém, eu compreendi que a minha crença de que todo sexo era ruim explicava em grande parte por que eu havia negado persistentemente a minha homossexualidade e por que eu achava que isto era uma doença.

O resgate de memórias de infância, algumas das quais haviam sido reprimidas, ajudou a aumentar a minha auto-estima, mas a convicção de meu analista de que meus impulsos homossexuais eram simplesmente uma defesa contra minha latente heterossexualidade fez com que eu me sentisse ainda mais deficiente, pois não era capaz de experimentar qualquer espécie de paixão. Apesar de cada vez mais desesperançado, eu continuei a obedecer as implícitas advertências de meu analista para não exteriorizar meus impulsos homossexuais, pois isso poderia, segundo nós dois acreditávamos, causar a minha expulsão do programa de treinamento psicanalítico, ou pelo menos uma interrupção do mesmo até que este tipo de comportamento desaparecesse.

O Comitê de Educação requisitou aos analistas da maioria dos institutos um relatório sobre o progresso de seus pacientes para avaliar se o candidato deveria prosseguir nos cursos didáticos e passar a atender pacientes sob supervisão. O poder implícito de quem treina alguém para ser analista, não importa o quão bem intencionado ou respeitoso quanto ao sigilo profissional ele seja, poderia inibir o comportamento, pensamentos e fantasias do analisando.

Como eu confiava na discrição do meu analista e acreditava que a requisição de relatórios no meu instituto era mínima e não incorreria em violação de sigilo, não tinha consciência de minhas preocupações quanto ao fato de meu comportamento ou impulsos homossexuais poderem obstruir o progresso de minha carreira. Apesar disso, o medo inconsciente de constar no relatório indubitavelmente somou-se às dificuldades que eu continuei a ter em revelar a mim mesmo que era homossexual.

No outono de 1971 meu analista levantou a possibilidade de encerrar o tratamento. Eu estava me tratando há aproximadamente dez anos. Seis sessões semanais durante sete destes dez anos, e cinco nos outros três. Ele achava que já havíamos feito o possível.

Minhas atividades sexuais agora eram muito raras, e quando ocorriam era com grande esforço. Eu havia racionalizado que a maturidade e a saúde mental exigiam a sublimação da excitação sexual em prol do bem-estar dos outros. Eu me sentia aliviado com a idéia de parar a análise. Isto significava que eu tinha obtido a aprovação do meu analista e que em breve me diplomaria pelo instituto, o primeiro dos candidatos de minha classe a fazê-lo. Meu analista e eu marcamos para acabar a análise oficialmente dentro de oito meses, o que nos deu a oportunidade de lidar com antigos conflitos e questões transferenciais que se manifestaram frente ao término iminente da análise.

Houve pelo menos duas ocasiões durante o último ano em que eu dei uma olhada em livros pornográficos gays nas livrarias de New Haven. Meu analista e eu concordamos que eu estava tentando sabotar minha carreira e meu casamento e que este comportamento era motivado pela raiva que eu estava sentindo por ele querer terminar o tratamento. Ele me lembrou que eu havia me sentido abandonado e aliviado quando meu pai morreu, acreditando que estes sentimentos antigos estavam agora sendo revividos na transferência.

Suas observações estavam em parte corretas. Contudo, nós ainda não havíamos compreendido então que a perspectiva de terminar o tratamento e não ter mais que corresponder às suas expectativas quanto à minha heterossexualidade permitia que eu me sentisse mais à vontade para expressar meus desejos e inclinações homossexuais.

Ao terminar minha análise, eu estava com trinta anos e tinha uma mulher e dois filhos a quem eu amava. Parei de manter relações sexuais, pois não sentia mais necessidade de continuar tentando fazê-lo para agradar meu analista. Eu estava aliviado, pois minhas tentativas fracassadas haviam me causado mais angústia que prazer, mas eu era um marido e pai afetuoso e me sentia culpado por privar minha mulher de sexo. Eu via a ausência de paixão heterossexual como uma grave deficiência.

As rivalidades de infância com meu irmão e minha irmã, os anseios de ser amado por meus pais e a dor e raiva que senti por não sê-lo não afetavam mais as minhas relações atuais como acontecia antes da análise. Eu agora estava melhor equipado para reconhecer quando estes sentimentos antigos voltavam a emergir com minha mulher, filhos, colegas de profissão, pacientes e amigos. Eu tinha descoberto novas maneiras de lidar com eles que não eram mais tão autodepreciativas, cruéis e defensivas. Devido ao preconceito de meu analista, porém, ao final de minha análise eu ainda estava longe de compreender que a minha falta de desejo heterossexual se devia ao fato de eu ser homossexual.

Um analista ou terapeuta, que vê seu paciente quatro, cinco, ou, como no meu caso, seis vezes por semana, acaba induzindo-o a uma passividade que na maioria das vezes encoraja uma aquiescência, uma conformidade e uma receptividade em relação aos seus enfoques, não importando quão indiretamente as sugestões sejam dadas ou o quanto o analista se esforce em manter a sua neutralidade. Eu ouvi repetidas vezes que meus impulsos homossexuais não passavam de meios usados para inibir a minha heterossexualidade e como eu desejava acreditar nisso, aceitei sem questionar a interpretação de meu analista de que eu era um heterossexual deficiente.[1]

Pouco depois de terminarmos o tratamento, eu comecei a sentir e expressar mais a minha raiva e a me perguntar por que havia tido tantos problemas com estas emoções durante a análise. Isto se devia, em parte, à dificuldade que meu analista tivera em permitir que eu sentisse raiva dele. Ele havia estabelecido regras para as nossas consultas, segundo as quais eu não deveria considerá-lo atrasado a menos que ele se demorasse mais que cinco minutos. Era freqüente que nossas sessões não começassem na hora, mas se ele chegava dez minutos atrasado e eu reclamava, ele me perguntava por que eu estava tão zangado, uma vez que, de acordo com o nosso estabelecido, ele estava apenas cinco minutos atrasado. Se ele se atrasava menos de cinco minutos e eu me queixava, ele insistia que eu estava desviando a minha raiva a respeito de outra coisa para ele, pois ele não deveria ser considerado atrasado até que se tivessem passado cinco minutos. Sua lógica me enfurecia, mas eu aprendi a sublimar minha raiva e entender que ele não gostava de ser confrontado e que tinha dificuldade em ser visto como alguém que falhava.

Comecei também a pensar na morte de meu pai, lembrando que no jantar de meu aniversário eu havia tentado fazer uma declaração dos direitos da criança de doze anos, que incluía o direito de fumar. Ele discordou e eu discuti com ele, mas como não consegui impor a minha vontade, deixei a mesa furiosamente. Sua morte súbita, poucos dias depois, somada aos castigos físicos aplicados por minha mãe, me convenceram de que discordar da autoridade em nome de minhas próprias convicções traria sempre conseqüências desastrosas – mais uma razão pela qual eu senti dificuldade em expressar minha raiva durante o tratamento.

Foi somente três ou quatro meses depois de terminar a análise que eu voltei a ter vívidas fantasias, impulsos e sonhos homossexuais. Foi então que reconheci que estava negando e reprimindo meus sentimentos homossexuais porque desejava ter a aprovação de meu analista e que uma maneira de agradá-lo tinha sido corresponder à sua convicção de que eu não era homossexual. Eu sabia que a minha necessidade de aprovação por parte dele tinha sido um aspecto transferencial não analisado, inadvertidamente usado por ele numa tentativa de me transformar em heterossexual.

Depois do fim da minha análise, eu não me sentia mais passivo nem submisso e estava mais à vontade com a minha raiva. Eu também sentia menos necessidade de aprovação social, pois tinha sido capaz de perceber na análise como esta necessidade fora causada pelo sentimento de não ter sido amado quando criança. Além disso, o amor de minha mulher e filhos, juntamente com meu sucesso profissional, reforçou minha autoconfiança.

Ainda em Nova York, seis meses depois de completar o tratamento, fui a um cinema pornográfico gay durante um encontro de outono da Associação Americana de Psicanálise. Eu me dei conta em poucos minutos, devido à intensidade de meus sentimentos sexuais, que eu era, na verdade, um homossexual. Pela primeira vez, por causa da clareza e da força de meus sentimentos e impulsos sexuais, eu não acreditava que estava doente. Senti uma espécie de alívio e alegria. Eu sabia que o homossexualismo era a paixão que eu acreditava ser incapaz de sentir.

Nas semanas seguintes, a exaltação se alternou com um intenso desespero. Eu era devotado à minha esposa e filhos e estava quase concluindo o meu treinamento em uma profissão preconceituosa e intolerante para com os homossexuais. Eu estava excitado com a perspectiva de poder expressar minha paixão sexual, mas não conseguia conceber como os limites de minha vida permitiriam isso.

Aprisionado por meu casamento e minha profissão, e aterrorizado com a possibilidade de ser descoberto, eu só conseguia expressar minha sexualidade em encontros anônimos. Um lugar conveniente para ter sexo era um banheiro público em uma parada na rodovia para Connecticut, perto de New Haven. Numa ocasião, em 1974, um homem que estava se fingindo de homossexual e agindo de forma sedutora identificou-se como oficial de polícia disfarçado. Ele disse que estava me prendendo por conduta obscena em local público. Eu fiquei apavorado, é claro, prevendo a perda de minha família e a destruição de minha carreira. No caminho entre o banheiro e o seu carro de patrulha, quando ele estava prestes a me algemar, consegui convencê-lo a não me levar para a delegacia jurando nunca mais voltar àquele lugar, o que de qualquer forma era a última coisa que eu faria de novo.

O *New Haven Register* costumava publicar os nomes daqueles que tinham sido acusados de crimes e eu sempre tinha prestado especial atenção nos casos de acusações "morais". Percebi que havia me colocado numa situação de perigo. Compreendi também que eu devia estar sentindo culpa a respeito de minha sexualidade para fazer tal coisa, e que o medo de ser descoberto havia tornado os encontros anônimos a única forma possível de eu ter sexo. Eu sabia que teria de encontrar meios de expressar meu desejo sexual que me oferecessem menos perigo e que fossem mais satisfatórios. A alternativa de não expressá-los de forma alguma e de mais uma vez me autodenominar "doente" não era mais possível. Minha quase prisão fez com que eu tivesse uma compreensão cristalina dos perigos práticos e psicológicos inerentes ao fato de permanecer enrustido.

Fortalecido pela decisão da Associação Americana de Psiquiatria, em 1973, de retirar o homossexualismo de seu *Manual de diagnósticos e estatísticas*, passei a pensar sobre o preconceito da psicanálise contra os homossexuais e sobre a forma desfavorável com que suas idéias de que os homossexuais eram pervertidos e deviam ser curados de sua doença contribuíam para a imagem negativa que os gays e as lésbicas tinham de si mesmos. Eu compreendi que este preconceito, compartilhado por mim e por meu psicanalista, fez com que nenhum de nós se perguntasse em nenhum momento, durante os quase dez anos de meu tratamento, por que eu estava encobrindo a minha homossexualidade e por que eu não me permitia ter contatos sexuais com outros homens.

Eu demorei dez anos para escrever sobre estas questões porque estava interessado em crescer profissionalmente, queria a aprovação de meus companheiros de profissão e queria desenvolver uma prática privada. Como membro de um grupo psicanalítico freudiano ortodoxo, apesar de mais tolerante com as visões divergentes do que muitas outras sociedades psicanalíticas, eu sabia que seria considerado inexperiente demais para ter uma opinião de valor sobre qualquer controvérsia teórica ou questão clínica. Qualquer um destes enfoques seria simplesmente descartado e levantaria questões a respeito de minha própria orientação sexual.

Nos anos seguintes eu escrevi e publiquei artigos sobre temas analíticos tradicionais e me tornei ativo no instituto e na sociedade analítica. Fui indicado para a diretoria, eleito em 1978 presidente da sociedade e, no ano seguinte, indicado para comitês importantes da Associação Americana de Psicanálise e a Associação Psicanalítica Internacional (I.P.A.).

Isolado por causa da carreira e do casamento, e sentindo-me ainda assombrado pela lembrança de quase ter sido preso, senti que era essencial para a minha saúde psíquica que eu compartilhasse a condição homossexual com pessoas que tivessem uma postura positiva frente à minha orientação sexual. Eu não tinha amigos ou companheiros de trabalho com quem me sentisse à vontade para falar sobre minhas experiências. Não podia falar a respeito com meu analista, pois ele acharia que eu estava canalizando a minha ansiedade e a minha raiva e me recomendaria retomar a análise. Eu também ainda não estava preparado para falar com minha mulher.

Em 1978, dei início a uma cautelosa jornada por New Haven. Numa ocasião, conheci um membro mais jovem do departamento de psiquiatria de Yale, casado, que, autodenominando-se "bissexual", contou-me que conhecia pessoalmente outros psiquiatras gays ou bissexuais casados. Eles almoçavam juntos periodicamente para apoiar uns aos outros, e eu imediatamente me apresentei a cada um deles.

Todos estes colegas eram profissionais respeitáveis, dois deles inclusive eram membros da sociedade psicanalítica. Assim como eu, eles estavam vivendo vidas duplas e tendo encontros sexuais que por vezes os colocavam em perigo físico ou risco legal. A esta altura eu já tinha plena consciência de como a minha infância, o preconceito social e a minha própria análise haviam contribuído para que eu negasse minha homossexualidade. Eu sabia que a minha visão do homossexualismo como uma doença tinha sido uma manifestação do meu ódio por mim mesmo. Reconheci que a disponibilidade para "mudar" e o desejo de me submeter a um tratamento para isto tinham sido sintomas dos danos causados à minha auto-estima. Eu estava angustiado pelo modo como cada um de nós temia ser descoberto, e preocupado pela impostura que teríamos que manter para sustentar nossas vidas profissionais e pessoais.

Eu estava especialmente angustiado pelo efeito que a clandestinidade vinha tendo sobre o meu trabalho clínico. Tentando me proteger da curiosidade e do escrutínio de meus pacientes, e temendo que a minha sexualidade ficasse exposta, eu nunca respondia às perguntas sobre vida pessoal. Eu havia racionalizado, é claro, a necessidade de anonimato como algo útil para que meus pacientes tivessem um objeto indistinto em que projetar suas próprias fantasias. Minha rigidez neste aspecto costumava ser desnecessariamente privadora e às vezes bloqueava o seu tratamento. Compreendi que a minha energia estava sendo desviada da situação clínica de auto-exame para a autoproteção, e que o medo de ser descoberto interferia com freqüência na minha capacidade de responder com espontaneidade quando isso era clinicamente apropriado. A necessidade de esconder a minha orientação sexual estava corroendo aos poucos a minha integridade pessoal, comprometendo assim a honestidade necessária para sustentar o esforço terapêutico que contribui para a sua eficácia. Eu me determinei a me expor mais como gay.

Eu sabia que para ser mais positivo, teria necessariamente que encontrar amigos gays mais abertos e que se sentissem mais à vontade com sua orientação sexual do que aqueles que eu havia conhecido em New Haven. Minha primeira oportunidade de me assumir para um homem declaradamente gay foi em 1979, quando conheci Larry Kramer numa festa dada por seu ex-terapeuta e sua mulher. Eu havia lido há pouco o seu romance *Faggots*, que achei cáustico e honesto, e dei um jeito de encontrá-lo em seu apartamento no dia seguinte. Quando eu disse a ele que era gay, Larry me criticou por ser enrustido e ter escolhido uma profissão que tinha "ferrado com ele". Ele disse que eu ainda não havia me assumido porque tinha medo de perder meus pacientes. Ele também disse que eu deveria me divorciar. Eu sabia que em parte ele tinha razão: eu estava realmente com medo de perder meus pacientes, mas não queria me divorciar e estava preocupado com o efeito que o fato de me assumir pudesse ter sobre o meu casamento.

Larry cuspia sua raiva impiedosamente. Naquela época eu não sabia, é claro, que ele continuaria a usar essa raiva de maneira criativa em seus livros e poucos anos depois fundando duas importantes organizações, a Gay Men's Health Crisis (Crise de Saúde dos Homens Gays) e a Act Up [ambas voltadas ao combate à AIDS]. Eu me perguntava se este processo seria tão doloroso e provocaria tanta raiva para outras pessoas no futuro. Mas eu gostava de sua honestidade e admirava sua inteligência incisiva. Eu me senti ligado a ele por anos, não apenas por causa de minha declarada, ainda que cautelosa, admiração por ele, mas também porque meu ex-analista – Larry me contou – tinha sido seu terapeuta quando ele estudava em Yale.

Algumas semanas depois, quando estava em Nova York a trabalho, fui a um bar onde conheci um homem alto, esbelto, com lindos cabelos castanho-avermelhados e impressionantes olhos verdes. Ele era vivo e curioso, e sua capacidade de reflexão e compreensão ficou imediatamente evidente. Além de sua perspicácia e senso de humor, Gordon era afetuoso, emocionalmente expansivo, franco e completamente sem artifícios. Como ele era bem mais jovem do que eu e vínhamos de mundos completamente diferentes, pensei ter conhecido apenas um amigo inteligente com quem também poderia ter encontros sexuais agradáveis. Durante o ano que se seguiu passei a achar nossas diferenças interessantes e que elas inclusive fortaleciam a nossa relação. Eu me surpreendi ao descobrir que nossa afeição mútua havia se aprofundado e que eu tinha me apaixonado.

Pouco tempo depois de ter conhecido Gordon, li no *The New York Times*, uma carta de Frank Rundle, que se identificava como presidente da Associação de Psiquiatras Gays. Liguei para Frank e fiz planos para falar com ele e com o presidente eleito da associação, David Kessler, nos próximos encontros da Associação Americana de Psiquiatria, em São Francisco em maio de 1980.[2]

Frank e David foram os primeiros profissionais de saúde mental abertamente gays com quem eu tive a oportunidade de conversar. Nós compartilhamos convicções quanto aos benefícios que o fato de se assumir como homossexual poderia trazer para a saúde mental e sobre a necessidade de uma mudança social e política dentro e fora da psiquiatria. Sua atitude não-preconceituosa, compreensão e interesse por minha difícil situação social e profissional contrastavam de forma impressionante com o comportamento dos terapeutas e analistas enrustidos que eu havia conhecido em New Haven, que viam a minha necessidade de ser mais aberto como uma imprudência que colocaria minha carreira e casamento em perigo, além de se preocuparem com a própria exposição caso isso acontecesse.

Em 1980, minha mulher me acompanhou aos encontros de psiquiatria em São Francisco, onde contei a ela que era homossexual. Apesar de não querer o divórcio, por ser afeiçoado a ela e aos nossos dois filhos, então com dez e quatorze anos, não era mais possível esconder a minha orientação sexual. Eu achava nesta época que era possível me assumir quando a honestidade e a integridade o exigissem e manter um casamento viável.

Contei a ela tudo o que achava que ela precisava saber sobre o meu passado e vida atual, inclusive meu relacionamento com Gordon, e que poderia ajudá-la a decidir sobre seu futuro, mais especificamente com relação a nosso casamento. Inicialmente ela se sentiu aliviada por não ter sido a responsável por minha falta de interesse sexual e pareceu compreender que eu precisava expressar a minha sexualidade, e que amava a ela e às crianças. Contudo, com o passar dos meses ela me deixou claro que queria manter a minha homossexualidade em segredo para preservar a privacidade da família. Nós gostávamos muito um do outro e esperávamos ser capazes de manter nossa relação, mas eu temia que a sua necessidade de sigilo e o meu anseio em transformar a minha orientação sexual num aspecto positivo e melhor integrado da minha pessoa viessem a provocar conflitos e discórdias.

Nos anos que se seguiram, Gordon se irritou muitas vezes com a minha vontade de permanecer com a família, mas continuou respeitando meus sentimentos, concordando em manter nossos encontros semanais constantes e tendo o cuidado de não interferir em minha vida familiar. Sua disponibilidade em sacrificar as próprias necessidades em função das minhas significou muito para mim e sua consideração permitiu que meu casamento continuasse com um conforto razoável por mais alguns anos.

Minha família e eu nos mudamos de New Haven para Nova York em 1981, depois de eu ter passado um ano viajando para formar uma clientela em Nova York. Eu comecei a atender muitos gays recomendados a mim por colegas de trabalho heterossexuais que não sabiam que eu era gay. Naquela época eu já respondia honestamente às perguntas sobre minha orientação sexual, todas feitas por meus pacientes gays. Meus pacientes heterossexuais supunham que eu era heterossexual porque eu usava uma aliança e porque até então não se conheciam analistas homossexuais. Os pacientes gays costumavam se sentir aliviados e felizes por eu também ser gay e falavam a respeito com amigos e colegas de profissão. Eu fui recebendo cada vez mais pacientes indicados por outros pacientes, em especial por aqueles que eram profissionais de saúde mental, e minha orientação sexual foi gradualmente se tornando pública.

Como presidente do Comitê Programático da Associação Americana de Psicanálise e secretário do Comitê Programático da Associação Psicanalítica Internacional, sentia-me agora numa posição profissional mais segura para levantar questões e dividir o que eu estava descobrindo sobre o tratamento clínico e desenvolvimento de gays, descobertas estas feitas em grande parte, é claro, com base na minha própria experiência. Eu também me encontrava numa posição pessoal melhor, uma vez que já havia me assumido com minha mulher. Assim, organizei e presidi um painel sobre o homossexualismo masculino para o encontro da Associação Americana de Psicanálise, em dezembro de 1983, onde eu desafiei a visão do homossexualismo como uma perversão, abordando os casos de alguns dos homens de quem tratara e que haviam sido prejudicado psicologicamente por seus antigos analistas pela tentativa de mudar sua orientação sexual.[3] Até este encontro eu recebia pacientes indicados por companheiros de trabalho heterossexuais, mas a partir daí as indicações praticamente cessaram. A mudança de atitude se deu tanto pelo fato de meus colegas de trabalho passarem a dar mais ouvidos aos boatos sobre a minha homossexualidade quanto por minha severa crítica à teoria e à prática psicanalítica tradicional.

Em 1986 eu decidi contar ao meu ex-analista que era gay. Nós tínhamos nos tornado amigos depois do término do tratamento e às vezes jantávamos e celebrávamos importantes eventos familiares juntos. Apesar da raiva que eu sentia por ele não ter me ajudado a aceitar minha homossexualidade, gostava dele e de sua família e achava que ele tinha me ajudado em vários outros aspectos durante a terapia.

Eu contei a Ruben sobre a relação com Gordon e minha crescente necessidade de me assumir frente à comunidade gay e me tornar menos disponível para a minha esposa. Ele pareceu nervoso, mas tinha pouco a dizer, exceto que esperava que eu conseguisse viver minha vida de uma maneira que fosse satisfatória para mim. Nosso encontro foi mais superficial do que eu gostaria. Percebendo o seu desconforto, disse que gostaria de conversar com ele mais tarde e pedi que me ligasse quando tivesse oportunidade. Esta ligação nunca aconteceu. Escrevi a ele tentando consertar a ruptura que senti ter causado com a minha revelação. Mencionei que minha vida era complexa e difícil, mas feliz e cheia de desafios e que eu estava contente. Ele nunca me respondeu. Liguei pedindo que ele me telefonasse quando estivesse em Nova York, para que pudéssemos nos encontrar, mas ele nunca o fez. O fim desta relação acabou repetindo a rejeição que senti com meu pai.

Minha mulher e eu decidimos não contar às crianças a respeito de minha homossexualidade até nos parecesse que eles estavam suficientemente desenvolvidos e preparados para lidar com isso. Nos esforçamos para continuar dando a eles, na medida do possível, um lar seguro e amoroso. Em 1987, porém, nosso filho mais velho, então com vinte e um anos, descobriu por acaso que eu e Gordon tínhamos viajado juntos. Nós então contamos a ele que eu era gay e que tinha uma relação com Gordon. Nosso filho mais novo tinha acabado de sair de casa para seu primeiro ano de faculdade e decidimos não lhe contar até que voltasse para o Natal. Naquela época o divórcio não era iminente e nós asseguramos isto a eles, mas os dois ficaram zangados e perturbados, não tanto por terem descoberto que eu era gay, mas por se sentirem traídos com a minha vida secreta e a falsa aparência de um casamento feliz. Acho que a nossa decisão de não afligi-los com a verdade foi correta, mas acho também que o segredo teve o efeito colateral de fazer com que eles confiassem menos na sua própria percepção do mundo.

A revelação aos garotos sem dúvida alguma fez crescer em minha mulher a convicção de que era impossível continuar mantendo um casamento que a deixava cada vez mais triste. No ano seguinte ela me pediu o divórcio. Fiquei angustiado por perder alguém de quem eu ainda gostava e que tinha dividido tanta coisa comigo, mas também aliviado e contente com a perspectiva do futuro – ter uma vida mais autêntica, viver com Gordon e definir novos papéis sociais e profissionais.

2
O terapeuta gay

Certamente para ser capaz de se assumir perante o outro
você tem que dar o primeiro passo, você tem que ter entrado
em contato com você mesmo.

Martin Buber

Muitos dos pacientes que comecei a atender em Nova York em 1980 eram gays, indicados por colegas heterossexuais que queriam me ajudar a iniciar uma prática clínica. Passei alguns meses sem responder às perguntas dos pacientes sobre a minha própria orientação sexual, racionalizando que de outro modo poderia prejudicar o processo de transferência, não oferecendo ao paciente uma "tela em branco" onde ele pudesse projetar suas próprias fantasias. Na verdade, como alguns de meus pacientes trabalhavam na área de saúde mental, eu tinha medo de que, se soubessem que eu era homossexual, a notícia chegaria a meus colegas de profissão e eu não receberia mais indicações. Mas percebi também que não responder honestamente à curiosidade de meus pacientes sobre minha orientação sexual estava interferindo na minha espontaneidade e empatia com eles, pois eu desviava demasiada energia e atenção para me esconder e dissimular. Depois de reconhecer que a minha eficiência como terapeuta estava sendo comprometida pela ansiedade com a possibilidade de ser descoberto, comecei a responder diretamente às perguntas de meus pacientes que queriam saber se eu também era homossexual. Eu ainda não havia compreendido completamente o quanto os gays ansiavam ser tratados por um analista gay.

Depois que apresentei o meu trabalho sobre homossexualismo, em dezembro de 1983 no encontro da Associação Americana de

Psicanálise, mais gays passaram a procurar tratamento, ávidos por conversar com um psicanalista treinado segundo os moldes tradicionais, mas que via a sua sexualidade como uma variante normal da sexualidade humana. Nos dois anos seguintes vários outros também procuraram análise ou terapia porque souberam que eu era gay.

Quando um gay procura uma analista gay, ele o faz por temer que o preconceito heterossexual da maioria dos terapeutas interfira na neutralidade necessária para a eficácia de seu tratamento. Se o psicanalista adota a teoria psicanalítica tradicional de que um desenvolvimento normal conduz apenas ao heterossexualismo, será difícil para ele, por mais que tente não ser preconceituoso, agir de maneira neutra. Ele não será capaz de fazer as perguntas necessárias, nem as interpretações esclarecedoras, que poderão ajudar seus pacientes a se sentirem menos inibidos ou ter menos conflitos com a sua homossexualidade. Mesmo que não tente mudar a orientação sexual de seu paciente, um terapeuta destes tem maior probabilidade de transmitir inadvertidamente um preconceito heterossexual, através de comentários, sugestões ou tom de voz, e assim aumentar a vergonha e culpa de seus pacientes.[1]

Gays e lésbicas sentem com freqüência que existem questões sociais e de desenvolvimento específicas com as quais se confrontam e sobre as quais os heterossexuais analistas e terapeutas orientados dinamicamente têm pouco conhecimento. Há uma preocupação procedente entre os pacientes homossexuais mais perspicazes de que a falta de familiaridade clínica e pessoal com seus aspectos de desenvolvimento pode levar a suposições, interpretações e formulações incorretas e preconceituosas. Por exemplo, a natureza especial da afeição erótica primária do menino por seu pai e o modo como a repressão desta afeição pode influenciar suas futuras relações, a importância de assumir-se primeiro para si mesmo e depois para os outros, o efeito das relações sociais e da estigmatização dos amigos sobre a auto-estima, e a natureza particular das relações gays e como elas diferem das relações heterossexuais convencionais são alguns poucos aspectos importantes de desenvolvimento sobre os quais a maioria dos analistas tem muito pouco conhecimento. Gays mais bem informados, em especial os que trabalham na área de saúde mental, tornaram-se cada vez mais seletivos a respeito do nível de conhecimento e perícia do analista ou terapeuta de quem ele procura assistência.

Estes gays desejam se tratar com um psicanalista ou terapeuta orientado analiticamente porque acreditam que uma terapia dinâmica os ajudará a resolver os problemas neuróticos ou de personalidade que estão afetando a qualidade de suas relações ou sua produtividade nos esforços relacionados ao trabalho.[2] A maioria deles não vê a sua homossexualidade como um problema e não deseja alterar a sua orientação sexual. Muitos analistas, porém, contestariam esta afirmação, dizendo que a atitude de um paciente de excluir a investigação da origem patológica de sua orientação sexual e a possibilidade de mudá-la exclui também a possibilidade de um tratamento bem-sucedido e indica que o paciente não é analisável.[3] Eu manifestei uma visão muito diferente, baseada na minha experiência clínica. Um gay normalmente deseja mudar sua orientação sexual porque um dano primário causado à sua auto-estima e a interiorizarão do preconceito social o impossibilitaram de consolidar e integrar a sua orientação sexual na adolescência e no começo da vida adulta, desestabilizando a sua identidade homossexual.

A revelação da homossexualidade do analista

A maioria dos pacientes que começa uma terapia presume que seus analistas ou terapeutas sejam heterossexuais. Os pacientes fazem esta suposição, em parte porque acreditam que gays e lésbicas não estariam nesta posição de autoridade e prestígio. Há também um consenso de que os homossexuais são emocionalmente mais perturbados que os heterossexuais. Como os pacientes tendem a idealizar a saúde mental de seus terapeutas, estão mais inclinados a acreditar que os mesmos são heterossexuais. Além disso, há relativamente poucos terapeutas assumidamente gays ou lésbicas. A falta de visibilidade reforça a suposição de que o analista é heterossexual.

A pressuposição de que o analista é heterossexual é mais comum entre os pacientes heterossexuais, mas também ocorre com muitos gays e lésbicas, que interiorizaram o preconceito social e acreditam que são deficientes ou doentes. Eles acham que, se o terapeuta não for heterossexual, ele também será deficiente.

A revelação da orientação sexual do analista ou terapeuta num momento apropriado da terapia é importante e necessária para a eficácia do tratamento de um paciente gay. Isto oferece a ele um modelo positivo do qual muitos gays carecem. Analisar os sentimentos relacionados ao fato de ser tratado por um analista gay ajuda a maioria dos pacientes gays a destruir os estereótipos negativos e a homofobia interiorizada, inevitavelmente adquiridos quando se vive numa sociedade preconceituosa.

Alan, que fez terapia analiticamente orientada intermitentemente por vários anos com um psicanalista de grande renome, largou o tratamento porque sentia que seu terapeuta não dava crédito às suas tentativas de expressar a homossexualidade. Suas fantasias, desde quando ele era capaz de se lembrar, tinham sido quase exclusivamente homoeróticas e na escola ele havia chegado a manter algumas relações homossexuais. Apesar disso, ele havia namorado várias mulheres porque queria agradar e ser aceito por seus amigos, e tinha medo de entrar em conflito com sua mãe emocionalmente distante e com seu pai excessivamente exigente e crítico. Alan ansiava pelo amor e aceitação de seu pai e temia que ele o rejeitasse caso assumisse abertamente que era gay, portanto continuou a namorar, casou e teve um filho. Mesmo casado, continuou tendo relações sexuais em saunas e encontrando homens em bares gays. Foi a ansiedade e a tristeza causadas por sua vida dupla que o levaram a se divorciar e, vários anos depois, a procurar tratamento com seu primeiro terapeuta.

Na primeira terapia, ele adquiriu uma compreensão considerável a respeito de sua relação masoquista com os pais: percebeu as várias maneiras através das quais sabotava a sua própria felicidade e sucesso. Alan porém continuou omitindo a maior parte de seus desejos e experiências homossexuais de seu analista, pois achava que ele os criticava sutil, e às vezes, até abertamente. Ele se sentia completamente sozinho com sua paixão por homens e se convenceu de que seu analista tinha pouca compreensão de sua vida homossexual. Achou que deveria procurar um terapeuta que o aceitasse melhor, tivesse mais empatia com ele e conhecesse mais a respeito de sua orientação sexual.

Ele não fez nenhuma pergunta direta a respeito de minha orientação sexual na primeira vez em que nos vimos, apesar de acreditar que eu era homossexual. Quando o fez, vários meses depois de iniciar o tratamento, foi devido à raiva por eu não dizê-lo voluntariamente, e por ter se conscientizado de que estava relutando em me perguntar. Eu contei a ele que era gay somente depois que fomos capazes de descobrir o que o estava impedindo de fazer a pergunta, acreditando que já não havia mais nenhum propósito em não lhe responder diretamente. No início, ele expressou um considerável alívio, afirmando que finalmente poderia se colocar e ser compreendido. Disse que nunca havia tido modelos gays com quem se identificar e que ser homossexual significava para ele simplesmente fazer sexo com outro homem. Ele estava animado com a perspectiva de experimentar uma conexão emocional com outro homem que era gay como ele.

Contudo, nas sessões subseqüentes, Alan mostrou-se bastante ansioso. A confirmação de que eu também era homossexual provocou nele um desejo de se aproximar de mim. Ele começou a se perguntar se não estava cometendo um erro fazendo terapia comigo, passando a expressar raiva e desprezo. Com o passar do tempo, terminou por sentir-se agradecido pela minha resposta direta, e aliviado por estar se tratando, mas ainda estava assustado com tantos sentimentos fortes.

É característico da infância de meninos homossexuais que os seus pais sejam hostis ou os rejeitem na primeira infância. Eles percebem que o filho é "diferente" dos outros meninos, e que muitas vezes têm menos interesses caracteristicamente masculinos. Alguns destes pais se retraem porque, consciente ou inconscientemente, reconhecem o afeto erótico ou desejo de proximidade por parte do menino. O pai de Alan começou a se afastar quando ele tinha por volta de cinco anos, favorecendo uma irmã mais velha, por achar que Alan era "efeminado". Alan começou a perceber que qualquer intimidade com outro homem provocava nele um desejo e a convicção de que seria rejeitado, do mesmo modo como havia acontecido com seu pai. Foi esta convicção que provocou o desprezo que perturbou todas as suas relações passadas, e que estava começando a ameaçar a estabilidade de sua relação atual com seu amante e comigo.

Pode ser que um terapeuta heterossexual, devidamente livre de preconceitos, viesse a oferecer o ambiente necessário para que Alan pudesse sentir e expressar as projeções de seu ódio por si mesmo e a sua própria homofobia interiorizada através da transferência. Mas este homem precisava de um terapeuta que tivesse a necessária empatia e sensibilidade com as questões de sua vida pregressa e atual, para poder ajudá-lo a fazer uma transição e constituir uma vida com seu namorado, incluindo conhecimento e uma postura não preconceituosa frente à variedade de formas de intimidade nas relações gays.

Acima de tudo, trabalhar com um terapeuta gay deu a Alan a oportunidade de ter um modelo gay positivo, o qual sempre lhe faltara. A ausência de modelos com quem se identificar para a maioria dos gays, especialmente durante a adolescência e começo da vida adulta, faz com que a imagem positiva do terapeuta ou analista gay seja de grande valor para quase todos os pacientes homossexuais em qualquer tipo de terapia. Isto é de especial valor para os profissionais da área de saúde mental: a consolidação positiva de sua identidade gay é importante, não apenas para a maturidade emocional e bem-estar, mas para que possam funcionar eficientemente como terapeutas.

A empatia com o terapeuta, sua solicitude e curiosidade psicológica são importantes para qualquer paciente, hetero ou homossexual, que esteja disposto a fazer o difícil trabalho de observar e entender seus próprios sentimentos durante o tratamento, e continuar a fazê-lo depois de seu término. A percepção e convicção da integridade do analista são essenciais para estabelecer e manter esta identificação, não apenas no que diz respeito à constância de sua curiosidade psicológica, mas também no que concerne às questões relacionadas ao seu caráter e sua vida, que não cessam de ser reveladas na intimidade da relação terapêutica. Quando um terapeuta gay escolhe não revelar aos seus pacientes que é homossexual, por vergonha ou medo da exposição, ele deixa de oferecer ao paciente um modelo pessoal de integridade que é essencial para o difícil autoexame de qualquer terapia bem-sucedida. Como Freud escreveu: "Não podemos esquecer que a relação analítica é baseada no amor e na verdade... e que isto exclui qualquer tipo de fingimento ou fraude."[4]

Não estou sugerindo que o trabalho usual de desvendar e interpretar de qualquer terapia dinâmica não seja de suma importância no trabalho com gays. Não estou defendendo que se aceite imediatamente qualquer pergunta do paciente sem extrair daí fantasias e associações durante um período de tempo apropriado. Estou convencido, contudo, de que o analista ou terapeuta gay que esconde ou dissimula sua orientação sexual prejudica ainda mais a auto-estima de seus pacientes, ao demonstrar a sua própria vergonha, autodepreciação ou medo de se assumir, e tampouco oferece um remédio para a auto-estima de seus pacientes, debilitada por atitudes sociais interiorizadas e pela rejeição dos pais e amigos.

Benjamin, por exemplo, era um terapeuta experiente que quis se tratar comigo, a princípio por causa dos problemas que estava encontrando num relacionamento de vários anos e pelo conflito em relação à sua homossexualidade em geral. Ele me falou das dificuldades que estava sentindo para lidar com alguns dos problemas clínicos de seus pacientes por temer revelar sua familiaridade com certos aspectos da vida gay, de forma que seus pacientes pudessem deduzir que ele era homossexual. Numa ocasião, ele se sentiu obrigado a ocultar de um paciente que havia entendido uma gíria específica gay, e em várias outras ocasiões escondeu sua familiaridade com os bares gays que seus pacientes mencionavam. Ele acreditava que, se revelasse ou o paciente descobrisse por conta própria que ele era homossexual, isto iria interferir com a possibilidade de ser uma tela em branco e com o processo de transferências. Sua ansiedade, contudo, fez com que ele relutasse cada vez mais em aceitar indicações de pacientes gays e se sentisse cada vez mais desconfortável no tratamento dos pacientes gays que ele já tinha.

Este homem acreditava ter feito uma boa análise, completada três anos antes de nos conhecermos. Ele ouvira boatos sobre a homossexualidade de seu primeiro analista. Um colega de profissão dissera-lhe que o havia visto num bar gay durante um encontro em uma outra cidade. Em várias ocasiões, Benjamin havia interpelado o analista a respeito destes boatos. Em resposta, no entanto, o analista mantinha-se em silêncio ou fazia perguntas sobre suas fantasias.

Durante nosso quase um ano de trabalho em conjunto, Benjamin conseguiu falar da sensação de ter sido enganado pelo ex-analista, ainda que reconhecendo que ele o tinha ajudado muito em outros aspectos. O desconforto de seu ex-analista com a sua própria homossexualidade reforçou as visões e atitudes autodepreciativas de Benjamin, contribuindo para aumentar as dificuldades que ele estava encontrando para tratar de seus pacientes gays. Ele se flagrou tendo a mesma atitude de seu analista ao tratar de pacientes gays, recusando-se a responder qualquer pergunta a respeito de sua própria orientação sexual. Como resultado, alguns pacientes o deixaram, e o seu trabalho tornou-se motivo de ansiedade e menos gratificante do que poderia ser.

Poder-se-ia dizer que a revelação da orientação sexual é uma manifestação racionalizada e condescendente de uma necessidade contratransferencial de agradar ou seduzir. Pude perceber, através de meu próprio trabalho e dos terapeutas supervisionados por mim, que a auto-revelação do terapeuta não é tão gratificante para o paciente, não leva a maioria dos pacientes a ter expectativas não realistas a respeito da capacidade e disponibilidade do analista em satisfazer seus desejos e necessidades, nem é tomada normalmente como sedutora.

Um paciente homossexual pode ter a necessidade de agradar seu terapeuta heterossexual tentando se tornar heterossexual.[5] Nenhum de meus pacientes heterossexuais expressou o desejo de se tornar gay, nem ouvi qualquer comentário a respeito disto de outros terapeutas gays. Minha experiência, porém, me mostra que os terapeutas gays, contrariando as expectativas da sociedade e de alguns terapeutas heterossexuais, são muito cuidadosos para não exercer este tipo de persuasão altamente censurável sobre seus pacientes.

O caso a seguir ilustra como a descoberta de minha orientação sexual não significou, mesmo no caso de um paciente homossexual, uma incitação ao seu desejo de ser gay, mas teve, contudo, grande valor no processo terapêutico.

Trata-se de um homem de quarenta e seis anos, casado, pai de um filho, que havia feito terapia analiticamente orientada por vários anos antes de me consultar depois da morte súbita de seu terapeuta. Nem Peter, nem o analista que o indicou a mim sabiam na época que eu era homossexual.

Ele tinha feito sexo com um homem pela última vez dois anos depois de concluir a faculdade, pouco antes de se casar. Sentia-se extremamente culpado por sua atividade homossexual pregressa, assim como por suas fantasias atuais, quase exclusivamente homoeróticas, e por sua atração por outros homens. Ele acreditava que sua homossexualidade fazia dele um homem "mau".

Sua relação com a mulher era pobre. Eles não faziam sexo há

quinze anos, desde o nascimento de seu único filho. Ele projetava grande parte de sua raiva e culpa na esposa, e passava muito tempo em atividades relacionadas ao trabalho, tentando evitar as suas críticas. Nos primeiros quatro anos de terapia, Peter me via como um pai idealizado. Eu não podia cometer enganos, fazer interpretações incorretas ou inadequadas, nem erros de julgamento. Ele não me via como uma pessoa com atributos humanos. Parecia evidente que ele não se atrevia a me ver de maneira realista, por medo de se enfurecer com a percepção de algum defeito meu a ponto de destruir a nossa relação. Minha interpretação deste aspecto de transferência foi recebida apenas com negação e racionalização.

Com o passar dos anos, ele começou a especular se eu era gay. Ele mencionava isso quando via outros pacientes visivelmente gays na sala de espera. Certa vez ele me viu acompanhado de meu namorado fora do consultório e me cumprimentou, mas, no dia seguinte, disse lembrar-se de ter visto apenas a mim.

No quinto ano de terapia, depois da publicação de meu livro *Being homossexual*, em 1989, ele me perguntou hesitante, mas diretamente, se eu era gay, e eu respondi de maneira igualmente direta. Ele foi muito sarcástico durante várias consultas, enfatizando especialmente o fato de eu não ser "macho". Ele odiava a homossexualidade por achar que se tratava de um sinal de feminilidade nos homens. Algumas sessões depois ele mencionou, pela primeira vez, acreditar que seu pai, que preferia um irmão mais velho, o odiava por ele não ser mais masculino. E disse que queria que eu o amasse e aceitasse da forma como seu pai não tinha sido capaz de fazer.

Ao longo dos vários meses que se seguiram ele passou a aceitar cada vez mais a sua homossexualidade, a ser muito menos crítico a respeito de si mesmo, e parou de achar que era "mau" por ter fantasias homossexuais. Passou a lidar de uma maneira eficiente, e às vezes até tocante, com a percepção de ter sido rejeitado pelos pais. O relacionamento com sua mulher, apesar de continuar assexuado, melhorou. Ele escolheu, contudo, não ter relações homossexuais. Não queria romper o relacionamento com sua mulher, uma fonte de estabilidade e segurança, e, mais importante ainda, temia o possível desprezo e rejeição de seus colegas de profissão.

O capítulo 4 fala mais especificamente dos problemas de homossexuais casados, incluindo o caso de Peter. O que quero enfatizar aqui é que a revelação de que eu era homossexual foi benéfica para Peter, porque possibilitou que ele articulasse sua temida raiva sem romper sua relação comigo. Apesar do fato de saber que eu era gay tê-lo ajudado a aceitar melhor seus próprios sentimentos e fantasias homossexuais, isto não fez com que ele tentasse se tornar gay.

A revelação da orientação sexual do terapeuta pode também ser muito importante para a terapia de alguns pacientes heterossexuais, especialmente se ele for gay.

Houve um determinado paciente que demonstrou, ao longo de vários meses, muita curiosidade sobre o meu consultório, livros e móveis, mas em especial por uma segunda sala, onde ele ocasionalmente usava o telefone para ligar para o próprio escritório. Ele parecia um detetive atrás de pistas. Quando eu fiz esta observação, ele percebeu que estava curioso a meu respeito, mas não tinha certeza do que ele realmente queria tanto saber.

Depois da publicação de *Being homosexual*, ele me perguntou se eu era gay, dizendo que meu conhecido interesse por gays deveria ter raízes importantes na minha própria vida. Eu perguntei a ele o que ele achava, mas ele não conseguiu me dizer muita coisa, e nosso trabalho ficou virtualmente paralisado nas semanas que se seguiram. Eu perguntei a ele se a sua preocupação com a minha homossexualidade fazia com que ele tivesse dificuldade em falar comigo. Ele confirmou as minhas dúvidas e me perguntou por que eu estava evitando responder à sua pergunta. Segundo o seu comentário, isto fazia com que ele sentisse que eu estava escondendo alguma coisa da qual eu tinha vergonha. Eu interpretei que ele podia estar com medo e vergonha de revelar alguns aspectos de sua própria sexualidade, o que, apesar de correto, não foi de grande ajuda. Eu estava racionalizando a minha preocupação com sua resposta heterossexual ao fato de eu ser gay, temendo até que ele quisesse largar o tratamento, fazendo parecer que ele estava simplesmente projetando sua vergonha em mim.

Depois de várias semanas de sessões improdutivas, respondi à sua pergunta. Houve algumas poucas perguntas superficiais sobre a minha vida e então um suspiro de considerável alívio. As consultas subseqüentes deram uma virada significativa. Ele falou pela primeira vez sobre suas fantasias heterossexuais sadomasoquistas, que ele julgava problemáticas e perversas. Ele parecia, de uma maneira geral, mais à vontade para expressar seus sentimentos e pensamentos. Quando eu comentei, vários meses depois, a respeito da melhora de nosso trabalho, ele me disse que sempre tinha me achado convencional demais para entender as suas fantasias sadomasoquistas. Esta crença tinha, é claro, implicações transferenciais importantes, pois até certo ponto derivavam da sua própria autocrítica e vergonha projetadas. Mas a minha falha em não ter respondido às suas perguntas levou o tratamento a um impasse por reforçar a sua vergonha e falta de confiança na minha honestidade. Ficar sabendo da minha homossexualidade, da qual ele já suspeitava há tempo, permitiu que ele aceitasse e compreendesse suas próprias fantasias proibidas, se sentisse menos inibido e tirasse maior proveito do sexo com sua mulher.

Um outro paciente heterossexual, que fez análise por seis anos, achava que eu era desinteressado, distante, frio e apático como o seu pai egocêntrico. Ele também conhecia o meu trabalho e tinha ouvido falar que eu era homossexual, mas não queria saber com certeza. Ele disse: "Eu gostaria mais de você se você fosse gay. Eu disse ao Roger (um amigo gay) que eu não tinha certeza. Se você fosse gay, eu não acharia que você tem tantas qualidades, eu não diria que você é tão frio e desinteressado. Eu não acharia que você está sempre me dizendo o que eu deveria fazer, como eu deveria me comportar. Eu não teria que bancar o babaca aqui."

Com o tempo, ele passou a sentir-se menos ameaçado e a ter menos raiva de seus anseios amorosos e eróticos em relação ao pai e, por transferência, a mim. Só então ele foi capaz de me perguntar se eu era gay. O fato de eu ser gay significava, ele me disse, que eu era capaz, ao contrário de seu pai, de tolerar o seu desejo de proximidade. Não responder à sua pergunta a esta altura apenas reforçaria a sua necessidade defensiva de me ver como privador.

Contudo, nem todos os pacientes heterossexuais se utilizaram da descoberta ou suspeita de minha homossexualidade em benefício da terapia. Donald, familiarizado com meus pacientes e escritos, quis saber durante algum tempo se eu era gay. Ele mantinha uma atitude muito correta e moralista a respeito de sua própria vida e, conseqüentemente, a respeito da vida dos outros também. Pouco depois da publicação de meu livro, ele disse que queria parar com a terapia. Ele não havia dado nenhuma indicação prévia disto, e nosso trabalho, de muitos anos, vinha obtendo sucesso em vários aspectos. Ele queria parar, segundo me disse, porque sentia que eu o criticava, especialmente no que se referia ao seu desejo de ascender profissional e socialmente.

Ele falou várias vezes, no decorrer de sua longa terapia, sobre sua repugnância pelo comportamento homossexual e suas preocupações fóbicas de que ele ou alguém da família contraísse AIDS por se ligar a gays. Muitas vezes ele especulara se eu era gay, mas afirmara que não queria saber. Tinha medo de me enxergar como alguém pequeno, insignificante e asqueroso, se descobrisse que eu era.

A raiva por ver frustrado seu desejo de proximidade com o pai, emocionalmente distante e muitas vezes ausente, manifestou-se na forma de uma visão crítica de homens que ele julgava em posição de autoridade. Ele desprezava o seu desejo de afeto e proximidade, tanto deles como de mim, desprezo este que na transferência se expressava às vezes como homofobia. Sua terapia teve sucesso em vários aspectos. Ele adquiriu alguma compreensão do tamanho de sua raiva e afeto pelo pai. Contudo, devido à sua intensa ansiedade em relação à conflituada e positivamente erotizada transferência, estes sentimentos foram trabalhados de forma incompleta e contribuíram para o término da terapia.

Posso confirmar também, com base em minha experiência clínica, que os sentimentos relacionados à homossexualidade do analista podem se tornar uma fonte de resistência e ansiedade também para os pacientes gays. Minha compreensão e interesse pelas questões gays de desenvolvimento e minha preocupação expressa com seu bem-estar terapêutico foram razões importantes para que muitos deles viessem se tratar comigo. Contudo, anos de alienação e rejeição, a ponto de fazer com que alguns mantenham sua sexualidade em sigilo, podem provocar ansiedade e conflito frente à possibilidade de se consultar com um outro gay. Esta manifestação de transferência, quando ocorre, é mais freqüentemente causada ou por sua autodepreciação projetada, ou pelo despertar súbito de desejos reprimidos pelo pai. Se a ansiedade for evocada por trabalhar com um terapeuta gay, tem que ser interpretada cedo, pois uma ansiedade grave que se manifesta antes que se tenha estabelecido uma aliança terapêutica pode levar ao fim abrupto do tratamento. Atendi vários gays cuja ansiedade gerada pela minha própria condição gay foi um fator decisivo para que não retornassem ao tratamento.

A ansiedade em relação à minha homossexualidade gerou a resistência de alguns gays já em análise ou terapia, e colocou o tratamento num impasse. Um homem sabia que o psiquiatra que o havia indicado a mim achava que ele deveria ser tratado por um terapeuta gay. Ele também tinha consciência da predominância de pacientes gays em meu consultório e soube por outro paciente que eu era gay. Contudo, ele sustentava resolutamente que eu era heterossexual. Quando confrontado com a sua negação, ele se mostrou preocupado por achar que, se tivesse certeza de que eu era gay, o desprezo que sentiria por mim acabaria por fazer com que ele largasse a terapia. Depois que eu lhe disse, em resposta à sua pergunta direta, que era gay, pudemos compreender que a sua inquietação com minha homossexualidade era determinada por vários fatores, entre os quais o desprezo que ele sentia por seu pai degradado, a necessidade de se distanciar de desejos eróticos e afetivos com relação a ele e as projeções de sua própria homofobia interiorizada. Contudo, a intensidade da transferência não fez com que interrompêssemos o tratamento, e os sentimentos a meu respeito e a respeito de minha homossexualidade foram partes significativas e produtivas da sua análise.

O caso a seguir mostra a resistência gerada pela ansiedade de um paciente gay com a minha orientação sexual, e como compreender as razões desta resistência foi de vital importância para o tratamento.

Edward, um psiquiatra, tinha trinta e dois anos quando começou a análise. Ele havia ficado magoado e com raiva de um colega de profissão que falara de maneira depreciativa de homossexuais. Apesar de viver abertamente com seu namorado, ele costumava manter sua homossexualidade em sigilo no trabalho. Ele achava a sua orientação sexual normal mas continuava preso ao modelo patológico de homossexualismo, e acreditava nos professores e supervisores que haviam ensinado a ele que o homossexualismo era uma perversão e um sintoma resultante de uma estagnação em determinado estágio de desenvolvimento.

Ele achou que eu era gay por conhecer meus escritos e pelo que havia ouvido de outras pessoas, mas como eu era psicanalista e, à época, casado, ele pensou que eu fosse heterossexual. Como o paciente do caso anterior, ele precisava acreditar que eu era heterossexual para conter a hostilidade que ele temia poder destruir a sua relação comigo. Edward estava convencido de que eu não seria capaz de tolerar a sua raiva e desprezo, e que eu o "expulsaria" da terapia caso expressasse tais emoções.

O tratamento ficou emperrado por vários meses devido à sua necessidade de negar a minha homossexualidade. Minhas interpretações no intuito de apontar o medo de sua própria raiva também foram recebidas com negações. A um certo ponto, quando ele me perguntou diretamente, eu confirmei que era homossexual. Ele ficou atônito, furioso e zombou de mim.

O trabalho que se seguiu no entanto, sugeriu que a confrontação havia possibilitado um avanço necessário no seu tratamento. Ele começou a falar de maneira mais afetuosa sobre seu relacionamento de criança com a mãe depressiva, cujo distanciamento, egocentrismo e falta de interesse fizeram com que se sentisse mau e deficiente. Foi ficando claro que esta sensação de ser deficiente tinha sido desviada para a sexualidade, sendo, até certo ponto, responsável pelo ódio que ele sentia por sua própria homossexualidade e por sua homofobia. Ele ficou mais à vontade para deixar vir à tona sua hostilidade e agressividade durante as consultas depois de entender a relação que tinha com o descaso de sua mãe e a primitiva frustração de suas necessidades. A dificuldade em expressar a própria raiva, contudo, não desapareceu, pois o seu medo de me magoar também estava relacionado à sua devoção ao pai imprevisível, impulsivo e ocasionalmente abusivo, uma questão compreendida apenas bem mais tarde no tratamento.

Elaboração de transferência

Faz parte do senso comum acreditar que *a priori* a revelação da orientação sexual ou qualquer outro detalhe da vida pessoal do terapeuta interfira na elaboração da transferência porque ele deixa de ser uma tela em branco onde o paciente pode projetar livremente seus próprios medos, desejos e conflitos. Na minha experiência com gays que conheciam a minha orientação sexual, os desejos e sentimentos continuaram sendo elaborados na transferência, sem serem afetados pelo conhecimento da condição sexual.

Um analisando que sabia que eu era homossexual, ouviu de um colega de profissão que eu havia ido a um encontro profissional com meu namorado. Depois disso, ele se mostrou preocupado com o quanto eu estava ocupado profissionalmente, o quão complicada era a minha vida e como eu deveria ter pouca energia para os meus pacientes. Ele teve dificuldade em falar, estava visivelmente tenso e emocionalmente retraído durante a sessão. Nas semanas subseqüentes ele teve mais dificuldade de articular seus sentimentos, estava muito distante. Depois de várias semanas começamos a rememorar algo que ele tinha dito numa das primeiras consultas e que não havia sido trazido à tona novamente: durante a sua infância, seus pais o deixavam com a avó nos fins de semana. Ele se sentia abandonado, enciumado e carente. Neste estágio da análise, sua transferência era maternal. Ele me achava frio e privador como sua mãe, que era depressiva, preocupada e ausente. Ele achava que, assim como ela, eu guardava segredos e era egoísta. Em outras fases de sua análise ele me via como o seu pai abusivo e relapso, que com freqüência se ausentava e ficava emocionalmente indisponível, em parte por causa de seus inúmeros casos extra-conjugais. A urgência de expressar estes sentimentos antigos era tamanha, que estas mesmas distorções ocorreriam mesmo se eu fosse heterossexual.

Um outro paciente, que soubera que eu era homossexual através de um colega logo no início de sua análise, também ilustra o quão obstinada é a transferência e como é difícil rompê-la ou distorcê-la. Depois de ter especulado por algum tempo a respeito de minha orientação sexual, eu respondi à sua pergunta direta, confirmando o que ele já tinha ouvido e acreditando que não fazê-lo teria um efeito nocivo sobre ele, devido aos motivos discutidos anteriormente.

Durante grande parte de sua análise, ele havia se mostrado preocupado com seu desejo pelo pai, que tinha favorecido um irmão mais velho, mais problemático e mais masculino. No terceiro ano de análise, no auge de um acesso de raiva direcionada contra mim, por estar convencido de que eu estava favorecendo outros pacientes em detrimento dele, ele veio a uma sessão com a braguilha aberta. No começo da sessão, parecendo não ter se dado conta do fato, ele falou das amantes do pai. Ele sabia que seu pai havia tido alguns casos durante a sua infância, e gostaria, segundo ele, de ser uma mulher, "como uma daquelas que tiraram o meu pai de perto de mim". Quando eu chamei a sua atenção para a braguilha aberta, ele disse que se sentia como se estivesse usando um vestido com o zíper aberto.

"Eu gostaria de ser uma garota e ter todos estes carinhas gostosos a fim de mim." Ele estava elaborando comigo o seu desejo pelo pai e os desejos de infância de querer ser como as mulheres que atraíam a atenção do pai. A transferência persistiu, embora ele soubesse que, ao contrário do seu pai, ele me interessaria muito mais como homem do que como mulher.

Um outro paciente ainda, um homem de vinte e oito anos, sabia que eu era gay e falava sobre isto aparentemente à vontade, feliz de estar se tratando comigo. No seu segundo ano de análise ele começou a achar que eu o criticava e rejeitava por ser homossexual. Ele disse que tinha dificuldade em me ver como gay, e que chegava a se perguntar, de tempos em tempos, se eu era realmente gay. Sua forte negação veio à tona por causa de uma persistente necessidade de me ver como o pai irado e crítico que o rejeitara, uma percepção que não se abalou pelo fato de saber que eu também era gay. É claro que este aspecto da transferência foi de grande valor para ajudá-lo a entender como a sua antiga relação com o pai havia interferido na sua capacidade de estabelecer relações íntimas quando adulto.

O conhecimento da orientação sexual, assim como qualquer outra informação que um paciente adquire a respeito de seu analista ou terapeuta, não romperá o processo de tratamento se o analista usar esta informação a serviço do trabalho, e se o bem-estar do paciente e a terapia se mantiverem na linha de frente da mente do terapeuta. Para que o paciente possa fazer um bom uso desta informação, é preciso que ele se sinta numa relação confortável, segura e sincera com alguém íntegro. Eu acredito que a transferência seja incrivelmente prejudicada quando o motivo básico do analista ou terapeuta, ao revelar uma parte significativa de sua vida, é o seu próprio bem-estar e não o do paciente, ou quando um fato é inadvertidamente descoberto e o terapeuta responde a isso de maneira defensiva ou evita a verdade contida na percepção ou descoberta concreta do paciente. O terapeuta será visto pelo paciente como o pai ou mãe que o fez sentir-se impotente ao distorcer a realidade, ou fazendo com que ele desconfiasse das próprias percepções. Do mesmo modo, quando a informação é excessiva ou gratuita, dada apenas para apaziguar o paciente, desviar a sua raiva, ou seduzi-lo, o analista será visto como manipulador e desonesto, sendo que a ansiedade e a raiva geradas daí podem interferir no progresso do tratamento, inclusive no desenvolvimento da transferência.

Contratransferência

Hoje em dia, ser gay e trabalhar como psicanalista e, em menor escala, como psiquiatra, psicólogo ou assistente social, pode ser fator de isolamento. Há sempre a tentação contratransferencial de usar os pacientes gays para amenizar esta sensação de isolamento profissional. Revelar a própria orientação sexual pode às vezes estabelecer uma espécie de aliança social com os pacientes. Todo terapeuta gay deve ter em mente que tais necessidades podem influenciar a decisão de revelar sua orientação sexual. É óbvio que esta gratificação não pode ser o motivo principal da revelação. Por outro lado, a expectativa de gratificação não deve inibir o analista de se revelar quando isto for do interesse do paciente.

As questões contratransferenciais podem surgir também quando os pacientes respondem à descoberta de que o terapeuta é homossexual com atitudes homofóbicas. Às vezes, como ilustrei antes, é preciso lidar com a homofobia interiorizada dos pacientes gays, que podem se expressar através de comentários de desprezo e depreciação. Tais atitudes podem evocar sentimentos intensos no terapeuta.

Eu contei a Frank que era homossexual depois de ele ter me feito várias perguntas e depois do que eu acreditei ter sido uma investigação minuciosa de suas fantasias por um período de tempo apropriado. Depois disso ele tornou-se ansioso, ressentido e insolente, e aproveitava todas as oportunidades para tentar me humilhar. A intensidade de seus sentimentos estava relacionada à convicção de que apenas um gay, deficiente como ele acreditava ser, estaria interessado em perder tempo com ele. Ele tinha um interesse especial em enfatizar repetidamente que um eminente terapeuta heterossexual, com quem ele havia feito uma entrevista antes de vir a mim, estava muito ocupado para atendê-lo. Isso significava para ele que o outro analista deveria ser melhor do que eu, uma idéia que ele tinha que reafirmar repetidas vezes para negar o sentimento de ter sido rejeitado pelo tal analista e sua crescente afeição por mim.

Eu fui ficando cada vez mais irritado, não apenas com seu contínuo desdém, mas também porque ele não conseguia lidar com seus sentimentos positivos em relação a mim. As tentativas de ajudá-lo a trabalhar com a intensidade de sua transferência interpretando a humilhação que ele sofreu por se sentir rejeitado pelo pai na infância não ajudaram muito.

Eu tinha pouca noção do quanto estava irritado, até começar a confundir este homem com George, um paciente que quis se tratar comigo especificamente por eu ser gay. Eu perguntei a George por que ele estava evitando qualquer menção sobre a sessão anterior, quando havia sentido tanta raiva e angústia por causa de minha orientação sexual. Apesar de George ter ocasionalmente demonstrado alguns sentimentos ambivalentes a respeito da minha orientação sexual, ele me disse que achava que eu o estava confundindo com outra pessoa. Foi só então que me dei conta de que estava evitando a raiva crescente por Frank ao confundi-lo com este homem que aceitava a mim e à minha orientação sexual e que foi capaz de me fazer perceber a minha irritação.

A resposta contratransferencial mais destrutiva, tendo provocado a ruptura de um tratamento, ocorreu com um paciente heterossexual mencionado anteriormente neste capítulo, que temia que a proximidade física com gays pudesse fazer com que algum membro de sua família contraísse AIDS. Ele havia comentado que preferiria não viver no mesmo prédio que um gay porque o seu "estilo promíscuo de vida" podia atingir o "ambiente familiar" e diminuir o valor do seu imóvel. Apesar de termos compreendido que a sua ansiedade em relação à proximidade dos gays estava relacionada em grande parte aos seus medos sobre a sua "feminilidade" e seus reprimidos desejos pelo pai, a sua homofobia persistiu como um sintoma aparentemente não analisável. Durante muito tempo eu tive tanta raiva de sua homofobia que não era capaz de lhe perguntar diretamente o que o seu ódio articulado para com os gays tinha a ver com seus pensamentos a meu respeito. É claro que eu deveria ter direcionado o trabalho afirmando minha orientação sexual, tornando evidente a sua necessidade sádica de me insultar por eu ser homossexual, mas a minha raiva inconsciente deste homem, com quem eu vinha trabalhando tão duro e há tanto tempo, foi tão grande que eu não fui capaz de fazê-lo. Ele interrompeu o tratamento prematuramente e acredito que isto tenha se devido em parte à minha dificuldade contratransferencial.

Contratransferência com pacientes aidéticos e HIV positivos

Nos dias de hoje, nenhuma discussão sobre questões de contratransferência no relacionamento entre um terapeuta gay e pacientes gays estará completa sem que se mencione o trabalho com pacientes soropositivos ou que já manifestam a doença em qualquer um de seus estágios. O capítulo 5 fala dos avanços que estes homens muitas vezes fazem depois de saber que estão infectados, em especial no fortalecimento de sua capacidade de se apaixonar e sustentar relacionamentos. O que quero enfatizar aqui é o quanto os terapeutas gays são vulneráveis à contratransferência no que diz respeito a esta epidemia.

A maioria dos pacientes que convive com o espectro das doenças relacionadas ao vírus HIV e faz tratamento para lidar com a angústia emocional que isto acarreta prefere profissionais gays da área de saúde mental. Isto é apropriado porque a empatia, compreensão e sacrifícios necessários por parte do terapeuta exigem que ele tenha um conhecimento íntimo da dor, sofrimento e devastação emocional e física causados pela doença.

David já fazia análise há vários anos antes de apresentar os sintomas da doença. Ele tinha graves patologias de caráter narcisista com sintomas masoquistas que o levavam a se colocar em situações autodestrutivas e por vezes até perigosas em vários aspectos de sua vida, inclusive no tocante à escolha de parceiros sexuais. No começo da epidemia, chamei a sua atenção para o fato de que os parceiros sexuais que ele procurava, normalmente prostitutos, muitos deles usuários de drogas injetáveis, poderiam ser uma ameaça, não só à sua segurança física, mas também à sua saúde. Apesar de também ser médico, ele negava qualquer conhecimento a respeito desta doença e não deixou de se comportar de maneira autodestrutiva. Embora tivesse começado a modificar o seu comportamento no ano seguinte, foi só depois de perceber alguns nódulos linfáticos inchados e começar a ter suores noturnos ocasionais que ele parou de fazer sexo de risco. Quando finalmente consultou um médico e recebeu o diagnóstico de citomegalovirus do cólon, ele adquiriu uma calma característica daqueles que alcançaram um antigo objetivo. Para ele, a doença era uma punição à sua ira, e a morte representava a destruição há tanto desejada de sua mãe, com quem ele se identificava e a quem ele responsabilizava por sua infelicidade.

Na segunda ou terceira visita ao médico, um especialista em doenças infecciosas envolvido na pesquisa e tratamento de AIDS, David foi aconselhado a participar de um teste de uma droga que poderia fortalecer o seu sistema imunológico enfraquecido. Ele se recusou. A investigação de sua recusa revelou ainda mais a respeito de sua ambivalência quanto à possibilidade de melhorar o seu estado. Sua doença o protegia do medo da raiva de sua mãe – ele tinha infligido a si mesmo o que temia que ela pudesse lhe fazer. A proposta de seu médico de inseri-lo num novo programa de tratamento evocou um pesadelo recorrente em que uma mulher ficava à espreita com uma faca para matá-lo na banheira. Ele também tinha uma fantasia, sobre a qual ainda não tinha falado no tratamento, de ser empurrado para debaixo d'água por uma pessoa misteriosa, provavelmente uma mulher.

Numa das sessões, eu expressei a minha frustração por ele não querer aceitar ajuda. Eu tinha consciência de que minha reação irritada era em parte um desvio de meus sentimentos de impotência frente a esta epidemia que estava afetando muitas pessoas que eu conhecia. O medo da minha própria mortalidade, reforçado por uma identificação com David, também contribuiu para a intensidade de meus sentimentos.

Muitos meses depois, poucas semanas antes de eu sair de férias no verão, David ficou doente. Teve tosse, suores, forte diarréia, falta de apetite e uma grande perda de peso. Ele foi hospitalizado contra a sua vontade, e um minucioso diagnóstico revelou que ele tinha várias infecções oportunistas. Durante o período em que não se sabia ao certo se ele iria ou não sobreviver e em que ele não podia falar comigo, eu mantive contato com as enfermeiras. Três semanas depois de ser internado ele pediu para me ver.

Como eu tinha planejado passar a primeira parte de minhas férias na cidade, pude vê-lo diariamente no hospital. Ele estava magro e muito pálido, com infusões intravenosas nos dois braços. Tentei pegar na sua mão e deixá-lo mais confortável na cama. Ele me repreendeu suavemente, chamou a enfermeira e pediu que ela empurrasse a cama para o centro do quarto e colocasse uma cadeira atrás da cama. Pediu-me que sentasse atrás da cama e continuasse a sua análise. David tentou, como pode, fazer livre-associações, apesar de elas serem pontuadas por pedidos de que eu fizesse uma coisa ou outra para deixá-lo mais confortável, o que eu na verdade estava ávido por fazer.

A idéia de continuar a análise com este homem à morte me incomodava. Eu sentia que isto não era apropriado. Embora ele continuasse a precisar de assistência psicológica, eu achava que um tratamento diferente da psicanálise tradicional seria muito mais adequado para dar a ele o suporte necessário. Na sua primeira sessão de terapia no hospital eu perguntei a ele por que queria que eu ficasse atrás da cama e mantivesse a formalidade analítica. Sua resposta foi: "Não entende que se você assumir outro papel comigo agora eu saberei que você acha que vou morrer? Eu ainda não quero pensar nisso!" A angústia intensa de ver o meu primeiro paciente aidético morrendo e a ansiedade de pensar que eu poderia ter ou vir a contrair o vírus impossibilitaram uma empatia com a sua necessidade de negação neste momento particular de sua doença.

David continuou a vir ao consultório por várias semanas depois de sua alta. Ele conseguia permitir que eu fosse mais encorajador e ativo, e que o ajudasse fisicamente. Consegui ajudá-lo a falar sobre seu medo de morrer e a fazer planos e tomar decisões práticas. A investigação analítica não parou nesta fase do nosso trabalho, mas suas dificuldades cada vez maiores para andar e enxergar exigiam apoio e intervenções físicas de minha parte quando ele estava no consultório. Logo depois, por já ter perdido a visão completamente, teve que se mudar para o subúrbio para ser tratado na casa dos pais. Nós diminuímos a freqüência das sessões e estabelecemos um prazo para o final do tratamento.

Durante o ano subseqüente eu mantive contato com ele por telefone. Às vezes ele me ligava, muitas outras era eu quem ligava para ele. Não tínhamos encontros marcados. Procurei, intencionalmente, transformar a relação analítica numa amizade próxima que fosse fonte de encorajamento e conforto durante o último ano de sua doença, quando ele estava totalmente cego. Ele morreu no começo de 1989.

A maioria de nós que lida diariamente com a AIDS no trabalho e na vida já percebeu que isto afeta a maneira como enxergamos os problemas e dificuldades dos outros pacientes, os não infectados, gays ou não. Este trabalho pode diminuir a empatia com muitos dos dolorosos problemas do dia-a-dia que afetam os pacientes que não estão morrendo ou sofrendo de dor física aguda. Há uma inclinação de preservar a força emocional para direcioná-la aos mais necessitados, não investindo tanto naqueles que precisam menos.

Qualquer terapeuta, e em particular aqueles que sejam gays, que queira continuar trabalhando com eficiência e com o máximo de sensibilidade e empatia numa época como esta precisa estar consciente da tendência de investir menos em algum paciente e de se defender da dor daqueles que estão mortalmente doentes. Somente se ele se mantiver emocionalmente aberto à ansiedade de ser confrontado diariamente com a sua própria mortalidade, e com a angústia de seu paciente e daqueles que o amam, conseguirá aumentar a sua capacidade de empatia e tolerância à dor emocional de todos os seres humanos.

Lidar com o HIV e com a AIDS afeta também o modo como enxergamos nossas próprias vidas. O grande presente que estes pacientes dão àqueles que trabalham com eles é o de nos inspirar a ver nossas próprias vidas dia-a-dia, voltando a compreender o papel que nossa raiva interiorizada exerceu, valorizando a maneira como passamos a nos enxergar e a felicidade que fomos capazes de adquirir como gays numa sociedade que pode, às vezes, ser tão cruel.

3

O adolescente homossexual

*Em nome de que Deus ou ideal você me proíbe de viver de
acordo com a minha natureza? E para onde a minha natureza
me conduziria se eu simplesmente a seguisse?*

André Gide

Das várias tarefas de desenvolvimento a serem cumpridas na
adolescência, talvez a mais importante seja a consolidação de uma
identidade sexual estável e irreversível. Na tradicional literatura
analítica e desenvolvimental sobre a adolescência, entende-se "identidade sexual estável e irreversível" apenas como a consolidação da
heterossexualidade.[1] A homossexualidade é vista normalmente como
uma falha de desenvolvimento, mais especificamente como o fracasso em desenvolver uma identidade masculina.[2]

O adolescente homossexual entra neste período de sua vida
com uma sobrecarga e uma liberdade não compartilhadas pelos adolescentes heterossexuais. Muitos já se sentiam diferentes desde a infância, tendo preferido a companhia de meninas à de meninos,
sendo mais musicais e artísticos, mais expressivos emocionalmente e
menos interessados em esportes competitivos que seus amigos e irmãos. Estas percepções são reais; são expressões de sua masculinidade
atípica.[3] Muitos adolescentes e adultos gays que reprimiram seus
sentimentos homossexuais na infância conseguem resgatar a lembrança de terem um comportamento atípico e inconscientemente a
usam para se proteger da memória de um antigo desejo homossexual por eles rejeitado.

Pais de meninos homossexuais, que podem não gostar que
seus filhos sejam menos convencionalmente masculinos do que

outros meninos ou que se sentem desconfortáveis pela conexão erótica de seus filhos com eles ou com outros homens, podem se retrair. Uma criança homossexual pode se afastar de seu pai por sentir-se mais à vontade com a mãe e ter mais afinidade com ela ou por sentir-se incomodada com seus sentimentos eróticos para com o seu pai ou outro homem de suas relações. A rejeição paterna, real ou percebida, em resposta ao desejo do filho por alguém do mesmo sexo, interesses diferentes, ou uma masculinidade não convencional são fatores determinantes para a baixa auto-estima de alguns meninos homossexuais recém-entrados na adolescência.[4]

Por se sentirem diferentes e por causa da rejeição paterna, alguns adolescentes homossexuais são mais introvertidos ou se sentem menos à vontade para interagir com seus amigos que seus companheiros heterossexuais. Sentindo-se como estranhos, estes adolescentes ficam freqüentemente à margem dos grupos de amigos, que são tão essenciais neste estágio da vida para que seja possível separar-se dos pais e sentir-se aceito. Vários deles são obrigados portanto a se livrarem da dependência da aprovação dos amigos e a se basear mais em seus recursos internos e seu próprio julgamento do que os heterossexuais da mesma idade.

A percepção do preconceito social nas atitudes dos pais e amigos em relação aos homossexuais faz com que muitos adolescentes de doze, treze, quatorze ou até quinze anos reprimam ou suprimam seus impulsos e fantasias sexuais e neguem para si mesmos que são homossexuais. Além disso, adolescentes homossexuais têm poucos modelos que possam seguir, alguns têm dificuldade de se identificar com os gays visíveis mas não convencionalmente masculinos ou socialmente desafiadores e muitos relacionam o fato de ser homossexual ao de se adquirir AIDS. Há muito poucos gays atletas, políticos, atores ou eminentes professores, advogados e médicos que se assumam publicamente, a menos que tenham AIDS, achando que teriam muita coisa a perder agindo de outra maneira. Infelizmente, um rapaz homossexual no início de sua adolescência fica privado destes modelos que poderiam ajudá-lo a descobrir a sua homossexualidade e fazer com que ele fosse capaz de dizer a si mesmo: "Eu sou gay como você e quero ser como você quando crescer!" Como resultado destes fatores, a maioria dos adolescentes homossexuais espera que o seu desejo por pessoas do mesmo sexo seja simplesmente uma dificuldade passageira num período geralmente conturbado de suas vidas, uma espécie de passagem para a heterossexualidade.

Muitos irão, portanto, tentar namorar e manter relações sexuais eventuais com garotas para suprir as expectativas de amigos, família e sociedade. Tais atividades são normalmente mecânicas, e os esforços sem ardor acabam provocando o fracasso físico e a angústia psicológica. Esforços insatisfatórios ou fracassos em tentativas heterossexuais fazem com que a maioria destes adolescentes passe a duvidar de sua capacidade de responder apaixonadamente a alguém. Sentindo-se sexualmente apáticos muitos se isolam até dos amigos.

O adolescente com maior probabilidade de consultar um terapeuta ou analista tradicional é aquele cujos pais acham o filho muito efeminado e suspeitam de sua orientação sexual inaceitável. Eles acreditam que o menino tenha problemas emocionais. A raiva ou vergonha fazem com que ele não se sinta amado nem aprovado por eles. É provável que ele tenha uma baixa auto-estima e que vá denegrir em vez de valorizar qualquer característica menos convencional que perceba em si, especialmente no tocante à sua orientação sexual.

A incerteza do adolescente homossexual no que se refere à sua orientação sexual não deveria, no entanto, ser entendida como uma heterossexualidade latente ou conflituada, nem como uma heterossexualidade passível de ser desimpedida. Deveria sim ser compreendida como uma homossexualidade inibida por conflitos internos e preconceitos sociais. Muitos terapeutas orientados dinamicamente contribuem sem querer para o atraso da descoberta da orientação sexual, encorajando estes jovens a reprimirem ou suprimirem conscientemente os seus impulsos homossexuais.

Num livro considerado um clássico a respeito da análise de adolescentes com "conflitos homossexuais", Selma Fraiberg relata com admirável riqueza de detalhes o seu trabalho com o paciente Eric,[5] que começou a terapia na pré-puberdade, aos onze anos. Houve muitas brincadeiras de caráter sexual durante a infância entre Eric e seu irmão Bob, que era dois anos mais velho que ele. Isto incluía agarrar e acariciar os genitais. Num acampamento, aos quatorze anos, Joe, um monitor, "brincou" com ele, puxando o elástico de seu calção e acariciando o seu pênis. Eric contou à doutora Fraiberg, com alguma resistência, que ele tinha provocado a brincadeira e que a tinha achado excitante. Eric se sentia atraído física e sentimentalmente por seu técnico de futebol, a quem ele desejava e com quem havia tido também provavelmente alguma atividade sexual.

A doutora Fraiberg descreve Eric como "um excelente paciente desde o começo", uma vez que ele "achava seus sintomas muito angustiantes e estava profundamente preocupado com a sua covardia e as implicações da 'frescura' em seu comportamento".[6] O seu homossexualismo era interpretado como "uma solução passiva para a rivalidade edipiana na qual ele se protegia da castração, abrindo mão de objetivos competitivos". Ela via esta situação como um "estágio regressivo e perigoso".

A análise parou quando ele pareceu estar mais à vontade em suas investidas com meninas. Aos dezessete anos, depois de ter tido uma experiência nada gratificante com uma prostituta e ter achado que "o sexo não era tudo aquilo que se alardeava", ele voltou para mais algumas consultas, dizendo que agora sentia medo de se aproximar de qualquer pessoa e que estava evitando entrar em contato com pessoas de qualquer sexo. Foram feitos alguns arranjos para que Eric voltasse para a terapia com um colega da doutora Fraiberg quando ele entrou na universidade no outono seguinte.

A doutora Fraiberg acreditava que o seu trabalho havia sido bem-sucedido por ter conseguido evitar que Eric "encontrasse um parceiro homossexual a quem ele se ligasse por amor", salvando-o portanto de adquirir uma identidade homossexual. Deve-se evitar que qualquer adolescente com impulsos homossexuais, ela escreve, caracterize suas experiências homossexuais como excitantes ou satisfatórias, de modo que ele não "se envolva por amor". Dá assim a entender que a óbvia infelicidade do rapaz, decorrente de sua completa falta de envolvimento com outra pessoa, é um resultado melhor do que um envolvimento homossexual, uma vez que a homossexualidade é o inimigo que "ameaça vencer" e interferir com o "estabelecimento de uma identificação sexual apropriada".

Não podemos saber ao certo, é claro, se Eric era ou não homossexual. Temos, contudo, algumas indicações de que era. A doutora Fraiberg nos conta que ele tinha persistentes fantasias homossexuais às quais ele se referia como seus "sentimentos homossexuais". Sabemos também que ele tinha uma conexão erótica com o pai, que era afirmada e revelada nos sonhos. Alguns aspectos desta conexão erótica, naturais na infância de um homossexual, repetiram-se em sua relação erotizada com seu monitor e com seu professor. Como a doutora Fraiberg diz: "Por trás da adulação incondicional pelo pai estavam os seus desejos passivos por ele, e isso permeou toda a análise."[8]

Eu acredito que Eric era homossexual porque sua história é semelhante àquela contada por adolescentes e adultos gays de quem tratei nos últimos quinze anos. E se ele era mesmo homossexual, o aumento do conflito a respeito de sua orientação sexual foi um resultado muito pobre de um tratamento que provavelmente serviu para reforçar a crença de que seus sentimentos sexuais eram perversos, agravar a sua já baixa auto-estima, atrasar a descoberta de sua orientação sexual e diminuir a sua possibilidade de estabelecer relacionamentos apaixonados e de longa duração mais tarde. Sua auto-imagem empobrecida também aumentaria a probabilidade de vir a se envolver em encontros sexuais inseguros (ver capítulo 5).

A adolescência é um período tumultuado tanto para os hetero como para os homossexuais, porque há uma inconstância de capacidades e interesses, e por surgirem peculiaridades de defesas e caráter. Mas a incerteza a respeito da identidade sexual é mais característica dos adolescentes homossexuais. Como explicarei mais adiante, embora os adolescentes heterossexuais possam ter impulsos ou fantasias homoeróticas ocasionais, eles ingressam na adolescência acreditando ser heterossexuais e geralmente permanecem convencidos disso.

Os rapazes homossexuais costumam ingressar na adolescência esperando ser heterossexuais, e é apenas no final dela ou no começo da vida adulta que eles são capazes de descobrir a sua verdadeira orientação sexual. Devido à ansiedade relacionada a esta incerteza a respeito da identidade sexual, a intervenção de psicoterapeutas, exaustiva e difícil como é com qualquer adolescente, pode fazer muita diferença e ser muito gratificante. O fim da incerteza e o início da consolidação de sua orientação sexual podem fortalecer a auto-estima e provocar uma significativa diminuição da ansiedade e da depressão.

Conheci Paul quando ele era apenas um calouro de dezenove anos. Trabalhei com ele durante oito anos, a princípio três vezes por semana em psicanálise e depois duas vezes por semana em terapia analítica. Ele tinha se tratado com um outro analista desde o primeiro ano do colégio, mas o deixou porque estava se sentindo cada vez mais deprimido e desesperançoso de ser capaz de algum dia viver uma vida feliz. Ele temia ser homossexual porque se sentia atraído por outros garotos. Suas fantasias sexuais, eram, desde quando ele era capaz de lembrar, exclusivamente com garotos. Ele odiava a sua homossexualidade e queria desesperadamente ser heterossexual. E estava angustiado por ter que se encontrar com outros garotos no banheiro da biblioteca da faculdade. Ele se autodenominava alternadamente de "marica", "doente", "sórdido" ou "nojento".

Ele me disse em sua primeira sessão que achava que sua mãe ficaria desolada se ele fosse homossexual. Ele queria ser heterossexual por causa dela, viver uma vida convencional, dar a ela os netos que ela tantas vezes disse que queria. Foi ela que o pressionou a fazer terapia aos quinze anos, por causa de sua falta de agressividade, que fez com que ela acreditasse que ele poderia ser homossexual.

Paul havia me dado a impressão de que sua mãe, cuja falta de energia e entusiasmo era crônica, estivera um tanto deprimida durante a sua infância. Ele também a descrevia como uma pessoa constantemente irritada que rejeitava o seu pai. Quando do nascimento de seu irmão, ela o abandonou em função da nova criança, possivelmente por causa da depressão e de problemas conjugais que a deixaram com pouca disponibilidade ou energia para cuidar de duas crianças. Desde aquela época ele passou a acreditar que para agradá-la, tinha que ser bom, tirar boas notas e ser popular. Ela nunca foi capaz de fazer Paul sentir que ele era reconhecido, respeitado ou amado incondicionalmente.

O seu pai preferia o irmão, dois anos mais jovem, que tinha uma aparência mais masculina, era mais extrovertido e mais atlético. John ocupava muito do tempo e da atenção de seus pais porque era uma criança que precisava de mais cuidados. Por todas estas razões, Paul se sentia negligenciado pelo pai. A incapacidade da mãe de nutrir a auto-imagem de Paul e a rejeição de seu pai contribuíram para a sua baixa auto-estima, tornando difícil para ele aceitar a sua homossexualidade.

Era fácil para Paul se aproximar mais de garotas do que de garotos. Ele tinha maior amizade com elas, como vários adolescentes e adultos gays que sentem ter mais coisas em comum com as garo-

Tornar-se gay

tas do que com os garotos, os quais deveriam convencionalmente ser seus amigos predominantes.

Para agradar sua mãe e amigos, Paul, apesar de sentir pouca atração por garotas, namorou uma vez ou outra e tentou manter relações sexuais com algumas. Era um sexo sem paixão e portanto insatisfatório. Na verdade, o sexo era mais uma fonte de desespero, pois fazia com que ele tivesse dúvidas a respeito de sua capacidade de se apaixonar. Por acreditar que suas próprias necessidades e desejos não eram importantes para os pais, suas tentativas de manter relações heterossexuais eram também acompanhadas de muita raiva, o que aumentava a sua angústia.

Eu tive a impressão de que Paul era homossexual por causa das fantasias exclusivamente homoeróticas durante toda a sua vida e do seu desejo consciente por outros homens. Eu via a sua rejeição ao homossexualismo e o seu desejo de ser heterossexual como sintomas de uma auto-estima danificada.

Paul passava horas se auto-recriminando depois de um encontro sexual anônimo no banheiro da biblioteca da faculdade, por achar que tinha incorrido num comportamento que ele acreditava ser abjeto. No início da sua análise ele só era capaz de expressar a sua sexualidade nestes encontros, que ele achava imundos. Ele não acreditava que seria capaz de estabelecer uma relação romântica e duradoura.

Encontros sexuais anônimos ou fortuitos não são necessariamente sintoma de dificuldade em lidar com relacionamentos afetivos íntimos. A pressão dos pais e dos amigos para que se assuma um comportamento heterossexual, a falta de uma abertura em nossa sociedade que permita aos jovens gays se encontrar e namorar livremente, e a facilidade com que um homem pode ter sexo com outro levam alguns adolescentes ou até mesmo adultos gays a expressar sua sexualidade de maneira encoberta. Banheiros, cinemas ou livrarias pornográficas são alguns dos lugares que oferecem a oportunidade de encontrarem e conversarem com seus iguais.

Eu sempre quis saber por que Paul não conseguia extrair mais prazer destas saídas disponíveis para estabelecer contatos sexuais. Com minhas perguntas, eu declarava implicitamente a necessidade de ele expressar a sua sexualidade, uma atitude que rapidamente o ajudou a melhorar o seu humor e bem-estar. Era o primeiro porém importante degrau para ajudá-lo a encontrar maior gratificação em seus encontros sexuais, o que fez com que, dois anos de análise depois, ele pudesse assumir para si mesmo que era homossexual.

Quando Paul começou a se aceitar como homossexual, começou também a se perguntar por que breves encontros sexuais eram a sua única fonte de prazer sexual e por que se aproximar de alguém parecia ser tão difícil para ele. Ele passou a querer encontrar mais homens na escola e em atividades sociais sem se sentir constrangido. Este constrangimento, que o fazia parecer desinteressado e apático, desviava o seu desejo, fazendo-o rejeitar outros homens do mesmo modo como seu pai o havia rejeitado.

Assim como a ansiedade sexual de um adolescente heterossexual pode derivar das primeiras fantasias eróticas reprimidas e de seu desejo pela mãe, deficiências nas questões íntimas da vida de um adolescente gay como Paul podem ser causadas pela repressão e negação de sua ligação erótica primária com o pai. Para alguns adolescentes e adultos homossexuais, o resgate destas memórias eróticas pode levar a uma rápida resolução das inibições de suas funções sexuais ou de suas dificuldades com relações íntimas. A primeira infância de Paul, contudo, dificultou o resgate destas memórias. Sua mãe falava muito mal de seu pai, e Paul se sentia humilhado por seus sentimentos eróticos em relação a ele. O afastamento dos pais depois do nascimento de John e a preferência do pai pelo irmão mais novo eram humilhações adicionais. Por isso, durante algum tempo Paul só foi capaz de se lembrar de seu pai como alguém de pouca importância em sua infância. Lembranças mais claras emergiram apenas quando ele se lembrou da dor, desapontamento e rejeição que sentiu com o afastamento do pai na época do nascimento de John, bem como da intensa rivalidade com seu irmão. Houve então um despertar gradual de desejo pelo pai e uma vaga lembrança de antigos sentimentos sexuais por ele.

Como em qualquer terapia dinâmica, os pensamentos de Paul com relação a mim na transferência eram importantes para que ele compreendesse a essência de suas antigas relações, em especial sua relação com o pai. No princípio, Paul parecia apático, a ponto de não ter nenhum sentimento em relação a mim. Ele parecia não ter consciência da minha aparência, hábitos, qualquer interrupção na sessão ou férias – qualquer coisa que se espera que seja registrada por um paciente, mesmo no início da terapia.

Durante os primeiros dois anos eu comentava freqüentemente sobre sua necessidade de me ignorar, aventurando a hipótese dele estar se protegendo de sentimentos desconfortáveis. Eu tinha certeza de que ao me ignorar ele refletia o seu desejo de rejeitar outros homens do mesmo modo como seu pai o havia rejeitado. Aos poucos, Paul foi capaz de perceber que eu às vezes o fazia sentir-se rejeitado e zangado, especialmente quando me atrasava. Perto do final do quarto ano de análise ele teve o primeiro sonho erótico a meu respeito:

> Eu encontro um cara. Ele está me oferecendo alguma coisa. Estou numa caverna ou num ambiente escuro. Eu realmente tenho vontade de dormir com ele, mas não sei se ele é gay. Ele tem um aspecto bastante convencional; tem cabelos longos, desalinhados. Ele é alto e esbelto, quase um Tarzan. Suas calças estão abertas. Ele está usando um calção de banho por baixo da calça. Eu estendo minha mão e agarro sua perna. Nós começamos a transar. Eu digo algo como: "Vamos tirar a roupa e você deixa eu chupar o seu pau." Eu chupo o pau dele e depois sento nele. É maravilhoso. Então eu me lembro dele gozando, um sentimento maravilhoso.

Eu não precisei falar muito a respeito do sonho. Paul logo compreendeu que o sonho dizia respeito a mim. Durante os vários meses que se seguiram, houve uma notável ausência de menções a sentimentos eróticos similares. Ele enfatizava que só se interessava por rapazes mais jovens, de aparência infantil, loiros, esbeltos e delgados. Esta atração tem dois determinantes principais: um interesse erótico no irmão mais novo, John, que era uma projeção de seu pai, e uma anulação de sua agressividade para com o irmão. Rapazes esbeltos e magros eram diferentes, tanto do pai quanto de mim. Em três ou quatro ocasiões, ele teve encontros de apenas uma noite com homens de mais de quarenta anos, o que negava o seu professado desejo apenas por rapazes mais jovens.

No sexto ano de análise, Paul, que tinha então vinte e cinco anos, sonhou: "Eu estou num quarto, parece uma cela. Um rapaz vem atrás de mim, respirando pesado. Eu fujo dele, cravando meus calcanhares no chão, andando para trás." Ele comentou que se fizesse isso no consultório daria um encontrão comigo, já que estava deitado no divã. E então ele disse: "Não consigo sentir nada por ninguém... Estou farto da terapia e farto do seu silêncio."

Paul voltou a falar da atenção que seu pai dava ao irmão menor. John teve graves dificuldades emocionais que fizeram com que seu pai passasse muito tempo com ele e o ajudasse financeiramente, o que fez com que Paul se conscientizasse ainda mais de seu ciúme. Neste período ele teve um sonho: "John teve um acidente de carro muito grave. Eu contei ao meu pai. Ele não parecia triste."

Paul contou como se sentia furioso quando seu pai emprestava o carro para o irmão. Eu interpretei o ódio assassino do sonho. Então ele se lembrou de que o pai passava muito tempo com John quando eles eram crianças e de como ele se ressentia disto. Pela primeira vez disse o quanto havia desejado que seu pai passasse um tempo sozinho com ele. Nas consultas seguintes ele voltou ao tema do desejo pelo pai, freqüentemente obscurecido por seus ciúmes e sua competição com John. Reclamou de mim por eu não falar o bastante nem lhe dar conselhos. Ele acreditava que, para conseguir o que queria e precisava, teria que trair ou roubar.

Então, mais uma vez, surgiram sentimentos eróticos em seus sonhos:

> Eu estou no banheiro tentando mijar no mictório. Um pouco do xixi respinga em mim. Eu entro na cabine para me trocar. Lá está um garoto de quinze ou dezesseis anos. Eu tiro o meu pau para fora na frente dele. Ele o toca e diz: "Eu gosto deste pau [no inglês: I like this dick]" Ele diz: "Não acredito que estou dizendo isto." Há outras pessoas por perto e eu digo a ele: "Não podemos ficar aqui."

Paul reconhece que Dick é também o meu nome [abreviatura de Richard] e diz, como disse no seu sonho: "Não acredito que estou dizendo isto." Ele se lembrou de ter tomado banho com o pai várias vezes, em casa e em vestiários, e de olhar para o seu pênis. Ele não conseguia se lembrar disto como uma experiência excitante ou de ter achado o pênis de seu pai atraente.

Os seus sonhos e associações então tornaram-se mais explicitamente sexuais, assim como a sua vontade de que eu o notasse e me sentisse atraído por ele: "Eu estou no divã, deitado de bruços. Tenho uma ereção e me viro para olhar e falar com você." Ele vê a mim e a seu pai como figuras distantes e isto o enfurece.

Nas semanas subseqüentes, outro tema veio à tona: seu desejo de ser passivo e submisso. O desejo de ser submisso a outro homem expressava o seu desejo de sentir-se conectado a mim e a seu pai distante por meio da penetração sexual. Ele enxergou o seu desejo de ser penetrado como uma coisa feminina, o que o encheu de ansiedade e desgosto:

> Eu estou numa piscina. Ela está cheia de todo tipo de merda. Há uma trouxa toda amarrada. Eu a coloco debaixo d'água e ela congela. Um grande trator entra na piscina. Ele vai para frente e para trás tentando sair dela. Enquanto faz isso, surge uma chama numa das bordas da piscina. Há um rapaz lá correndo risco de se machucar.

Ele descreve "este rapaz" do sonho como alguém tendo por volta de quarenta anos. Ele lhe lembra Rudy Giuliani, então um promotor público federal. Ele pensa em mim e em seu pai. Ele especula a respeito de minha sexualidade. "Eu quero que você seja heterossexual e não gay. Eu ficaria mais nervoso aqui se você fosse gay. Giuliani é heterossexual como você." Neste estágio de sua análise ele tem que me ver como heterossexual para se proteger de seus sentimentos eróticos por mim e por seu pai, sentimentos que o aterrorizam.

Contei a Paul que era gay no ano seguinte, depois que ele conseguiu me perguntar. Como disse no capítulo anterior, a descoberta de minha orientação sexual não alterou a natureza da transferência. O fato de eu, um homem que ele prezava muito, ser gay, ajudou-o a consolidar uma imagem de si mesmo como uma pessoa de valor que também era homossexual.

A importância dos sentimentos que Paul me dedicava, através da transferência, para ajudá-lo a ter acesso aos seus antigos sentimentos eróticos por seu pai não pode ser superestimada. Foi na sua relação comigo que ele foi capaz de experimentar novamente as antigas fantasias com seu pai, até então reprimidas. Mais que isso, Paul conseguiu sentir cada vez mais afeto por mim e sentir meu afeto por ele. Isto fez com que conseguisse ter sentimentos sexuais e afetivos pelo jovem com quem ele estava saindo.

Durante os últimos dois anos de tratamento, já com bem mais de vinte anos, Paul teve várias relações de curta duração. Tivemos várias oportunidades de explorar como a sua raiva pelo pai e a aversão pela natureza de seus desejos sexuais passivos o levavam a rejeitar quem gostava dele e faziam com que ele se sentisse atraído por aqueles que se interessavam menos por ele. Encontros sexuais esporádicos, sem fazer parte de uma relação, tornaram-se cada vez menos satisfatórios como forma de contato e realização sexual.

Quando se sentiu mais capaz de ser amado e menos dependente da aceitação dos amigos, Paul cuidadosamente deixou que outras pessoas soubessem que ele era gay. Ele se assumiu para os pais e se surpreendeu ao descobrir que o pai o aceitava. Apesar de sua mãe a princípio ficar zangada e magoada, depois de um ou dois anos também foi capaz de aceitar este aspecto de sua vida.

Paul decidiu deixar o tratamento depois de oito anos de terapia. Ele estava iniciando um relacionamento com Ben. Estava muito apaixonado, e isto o ajudou a consolidar ainda mais a sua sexualidade e a integrá-la a um forte e crescente sentimento de autoaceitação. Nós dois acreditávamos que ele agora já se conhecia o bastante para ser capaz de trabalhar sem mim sobre as dificuldades que pudessem surgir.

Seis meses depois de terminarmos a análise, ele me escreveu falando a respeito de alguns problemas remanescentes que ainda o atormentavam, mas com os quais ele acreditava estar lidando adequadamente. Ele concluía: "Pela primeira vez na minha vida eu estou feliz, e isto é por causa de Ben e pelo fato de saber que posso contar com ele. É um sentimento sem o qual eu não quero viver nunca mais."

Uma terapia conduzida apropriadamente ajuda o adolescente homossexual a consolidar a sua sexualidade, removendo os impedimentos que podem ter interferido no reconhecimento de sua orientação sexual, em especial, as percepções negativas de si mesmo, que podem derivar de danos causados à sua auto-estima por negligência ou rejeição dos pais na infância, posterior rejeição dos amigos, e estigmatização social. Perto do final da adolescência, aos vinte, vinte e um ou vinte e dois anos, o jovem homossexual deveria ter a capacidade de aceitar a variedade de fantasias homoeróticas, de se apaixonar e desapaixonar sem que ocorram rompimentos excessivos na sua vida, e de tirar proveito do sexo com outros homens. Com uma auto-imagem positiva ele vai prezar a sua saúde e ter cuidado consigo e com seus parceiros. Assim como o adolescente heterossexual, ele idealmente deveria se enxergar como um ser sexual a quem se pode amar.[9]

Fantasias e impulsos homossexuais em adolescentes heterossexuais

Adolescentes heterossexuais têm fantasias e impulsos homossexuais por três motivos. Primeiro, por terem medo de sofrer uma retaliação pela capacidade heterossexual que surge e devido à competição. Segundo, sentimentos homossexuais podem ocorrer por causa da não disponibilidade real ou imaginária de uma garota, ou por danos causados à sua auto-estima pela rejeição de uma garota. Esses sentimentos também podem emergir quando o adolescente heterossexual teme voltar a ser enredado por uma dependência infantil da mãe. Adolescentes que temem tanto a dependência provavelmente anseiam por suas mães por estas terem sido física ou emocionalmente ausentes, ou por terem sido invasiva e terem criado limites pouco adequados. Até um adolescente com pais mais "normais" pode resistir aos desejos de depender da mãe revisitando mentalmente a sua ligação infantil com o pai, o que pode evocar fantasias ou impulsos homossexuais.

Os impulsos homossexuais que surgem num adolescente heterossexual não costumam se manifestar em seu comportamento, mas, quando chegam a fazê-lo, o sexo é ocasional, lúdico, sem paixão e normalmente carregado de ansiedade.

Adolescentes heterossexuais, mesmo tendo conflitos causados por sua dependência, competitividade ou relacionamento com a mãe na infância e até por terem experimentado relações homossexuais, mantêm fantasias predominantemente heterossexuais e procuram garotas sem pressão ou coerção. A energia heterossexual e a necessidade de ser aceito pelos amigos e entrar na conformidade são muito grandes para que o desejo por outros meninos se sustente. Somente o adolescente homossexual, com suas persistentes fantasias e impulsos homossexuais, e que tenha uma auto-imagem forte e positiva, será capaz de manter uma atividade homossexual durante esta etapa de desenvolvimento.[11]

Para o desenvolvimento saudável de adolescentes hetero e homossexuais em tratamento, o terapeuta tem que ter consciência das diferenças entre um adolescente gay e aquele heterossexual que tem sentimentos homossexuais. O caso a seguir ilustra como um adolescente heterossexual pode apresentar tais impulsos.

Tom era um jovem de dezenove anos cursando o segundo ano da faculdade, que me tinha sido indicado por causa de uma antiga e problemática depressão e uma grave ansiedade, esta última ocorrendo freqüentemente quando ele estava na cama à noite. Ele havia se tratado por pouco tempo com um outro terapeuta, com quem ele não sentiu empatia e que era às vezes grosseiro.

Ele era filho único de um pai descrito por ele como exigente, austero e controlador, e uma mãe percebida como não afetuosa e distante. Tom era um jovem inteligente, perspicaz e extremamente ansioso, ansiedade esta relacionada em parte ao seu desejo de ser controlado por um homem como seu pai e por seus sentimentos competitivos em relação a ele. Ele tinha ocasionalmente fantasias masturbatórias homoeróticas que 'o preocupavam, apesar da maior parte de suas fantasias, tanto as masturbatórias quanto os devaneios, serem heterossexuais.

Na primeira etapa de sua análise, ele teve alguns sonhos de conteúdo homoerótico explícito, como este, do primeiro ano: "Eu estou num quarto com Betsy. De repente eu tenho o impulso de chupar o meu amigo. O seu pênis está em minha boca." Suas associações foram com a impotência anterior com uma namorada e uma cena do filme *Perdidos na noite,* onde um homem "enfia o fone na garganta de um homossexual". Ocasionalmente, disse, ele se encontrava com um certo zelador e fantasiava que ele ia "enfiar o cabo da vassoura no meu cu". Seus sonhos e fantasias homossexuais expressavam a raiva que ele sentia de seu pai controlador e o seu desejo por ele, especialmente quando era rejeitado por uma garota. Nas associações que fazia a partir de seus sonhos, ele se lembrava de se embolar na cama com seu pai e de seu pai brincar de enfiar a língua em sua orelha.

Um outro sonho do mesmo período foi: "Você está de pé na porta do banheiro. Há azulejos brancos lá. Você parece ter cinco metros de altura." Ele se lembrou de ter visto o pênis de seu pai quando era criança. Ele vê um rapaz bonito e pensa em enfiar o pênis em sua boca. Isto "embrulha o meu estômago".

No verão antes de sua formatura na faculdade e no último dos nossos três anos de análise, Tom estava louco para deixar o tratamento. Ele achava que havia melhores oportunidades de trabalho fora da cidade. Também sabia que estava ansioso por se sentir muito próximo a mim e desejava ardentemente se afastar. "Eu odeio a idéia de estar preso a isto... Eu odeio a idéia de que você tem outros pacientes. Eu vi um outro dia e quis avançar na sua garganta. Toda vez que eu venho aqui, sinto-me espremido."

Eu comentei como ele ficava furioso quando se sentia próximo a mim e como a sua raiva estava relacionada à raiva que ele sentia por seu pai. Em resposta ele disse:

> Eu amava meu pai quando era pequeno. Ele era mais gentil que a minha mãe e também mais presente... mais alegre. Você disse uma coisa há um minuto de modo muito suave. Tive vontade de pôr a minha mão no seu ombro. Estou com vontade de me levantar do divã. Quando falei o quão alegre meu pai era, tive vontade de abrir a boca e colocar o seu pênis dentro dela. Às vezes, à noite, eu tenho esta sensação de paz, como se eu tivesse uma enorme melancia no lugar da boca.

A forte ligação com o pai parecia ser uma tentativa de conseguir a gratificação que ele não obtivera de sua mãe, emocionalmente inibida, percebida por ele como distante, apática, relapsa e incompetente.[12] Suas fantasias e impulsos homossexuais o tornavam "feminino", o que fazia com que ele sentisse menos desejo pela mãe, menos competitividade em relação ao pai e corresse, portanto, menos perigo.

Quando o desejo erótico pela mãe ficou menos reprimido e mais tolerável, as fantasias heterossexuais se desinibiram e suas relações com garotas melhoraram. As fantasias homossexuais foram afogadas pela percebida ausência de parceiros, por se sentir rejeitado por eles, ou pela ansiedade por sua heterossexualidade enfraquecida.

Eu recebi uma carta de Tom quatro anos depois do término de sua análise. Ele havia resolvido algumas questões profissionais e estava agora planejando fazer uma pós-graduação. Estava noivo de uma garota que havia conhecido na faculdade durante o seu último ano de análise.

Tarefas de desenvolvimento

A autopercepção do adolescente homossexual é a tarefa de desenvolvimento mais importante desta etapa de sua vida, o começo da consolidação e da integração de sua orientação sexual, o primeiro estágio para tornar-se gay. Em termos ideais, a sua sexualidade deveria se integrar positivamente, um processo difícil para muitos por causa da rejeição inicial dos pais, a posterior rejeição dos amigos, a interiorização do preconceito da sociedade e a escassez de bons modelos.[13]

Seria razoável presumir que, assim como o adolescente heterossexual, o adolescente homossexual de onze, doze, ou treze anos, estaria apto a reconhecer a sua homossexualidade a partir do surgimento dos impulsos sexuais na época da maturação psicológica. Mas nós já vimos as muitas razões para as demoras neste processo, em especial a sua auto-estima danificada, portanto, é só depois dos dezoito, dezenove anos, ou até mesmo depois da sua maioridade, que os adolescentes homossexuais são capazes de assumir para si mesmos a sua orientação homossexual.[14]

Para que o adolescente seja capaz de se assumir para si mesmo, é preciso que ele se sinta relativamente livre dos danos causados à sua auto-estima, para poder se sobrepor à negação de seus sentimentos por pessoas do mesmo sexo, negação esta provocada pela sensação de ter sido rejeitado, primeiro pelos pais na infância, depois por seus amigos, por temer desapontar os pais, pela estigmatização social, estereótipos negativos e pela falta de modelos saudáveis para seguir. Para se assumir para si mesmo, ele tem que ter adquirido suficiente independência e autoconfiança a ponto de perceber que nunca será capaz de corresponder às necessidades de seus pais, no que diz respeito a uma vida convencional com uma família convencional. De certo modo ele tem que desistir de fazê-lo. Freqüentemente a auto-aceitação só ocorre depois que o rapaz descobre o amor, uma paixão suficientemente poderosa para ajudá-lo a superar a negação.

Freqüentes fantasias sexuais acompanhadas de masturbação são tão importantes para consolidar a sexualidade do adolescente homossexual quanto para o heterossexual. Experimentações sexuais no âmbito de um relacionamento afetivo têm maior probabilidade de provocar o início de uma integração positiva do que encontros sexuais com parceiros anônimos. No entanto, tais relacionamentos não se encontram tão disponíveis para jovens homossexuais quanto para heterossexuais que estejam explorando sua sexualidade.

Assumir-se para outros adolescentes e adultos gays, ou em

outras palavras, a "homossocialização", ajuda-o a superar o desespero que é freqüentemente causado pela estigmatização e rejeição por parte dos amigos ou da família. Funciona como uma espécie de antídoto contra a sua sensação de isolamento cognitivo e social, e é um refúgio do abuso verbal e físico a que muitos são sujeitos, especialmente aqueles de aparência e comportamento menos convencionais.[15] Fazer amizades com outros adolescentes gays e envolver-se em meios sociais gays propicia a estes adolescentes a criação de alianças, o encontro de parceiros sexuais e a descoberta de modelos que possam idealizar e com quem possam se identificar.

Hoje em dia, muitos daqueles com quem os jovens gays se identificam e que são tidos como modelos são também HIV positivos ou têm AIDS, fazendo com que a possibilidade de se infectar com o vírus HIV pareça provável e se torne até mesmo desejável, como maneira de solidificar a sua identificação com a comunidade gay. É essencial encontrarmos maneiras de enfatizar a importância de se viver uma vida longa, feliz e saudável, fornecendo modelos HIV negativos sem desmerecer o valor daqueles HIV positivos ou do sexo prazeroso.[16]

Um adolescente gay costuma temer a rejeição dos pais, portanto ele normalmente não se assume para eles antes da adolescência ou mesmo até o início da vida adulta, com freqüência depois de já ter se assumido para outros jovens gays, ter tido algumas experiências sexuais e vivenciado a poderosa e positiva experiência de se apaixonar.

Todo adolescente precisa se separar dos pais para neutralizar a ansiedade que sente por querer se manter dependente deles, para adquirir mais autoconfiança e para testar a capacidade de aumentar a sua esfera social. Assumir-se para os pais pode atender a estas necessidades de desenvolvimento do adolescente homossexual, que assim proclamava a diferença entre eles e, portanto, a sua independência. Quando os pais o aceitam, o adolescente se reassegura do seu amor e apoio, não apenas como homossexual, mas como uma pessoa destacada deles, o que aumenta a probabilidade de assimilar a sua orientação sexual de maneira positiva.

Pais que rejeitam furiosamente o filho por ser gay ou lésbica provavelmente querem que ele corresponda às suas expectativas sociais e oferecem pouco suporte ou respeito para o desenvolvimento da independência, individualidade e autoconfiança do filho. Quando estes adolescentes finalmente colocam a sua orientação sexual aos pais, costumam fazê-lo de maneira agressiva, para machucar mas também para abrir um espaço em meio ao que se espera deles de modo a poderem crescer, se expressar e confiar em si.

Tive a oportunidade de atender vários pais cujos filhos adolescentes haviam assumido a homossexualidade do meio para o fim da adolescência (entre os dezessete e os vinte e um ou vinte e dois anos). Os pais muitas vezes se angustiam porque não poderão ter netos, por causa do infortúnio que prevêem para seus filhos, ou por causa da culpa projetada. Mas aqueles que me procuram geralmente respeitam a individualidade de seus filhos e buscam orientação para superar as próprias preocupações e oferecer um ambiente familiar amoroso que faça seus filhos se sentirem aceitos.[17]

Ao atender filhos adolescentes de pais preocupados em oferecer um meio que os aceite e que os faça sentirem-se amados, percebo que possuem uma auto-imagem positiva incomum para um adolescente, que os ajuda a combater a estigmatização e o preconceito que inevitavelmente surgirão, com a raiva apropriada, sem necessidade de abusar do álcool ou de outras drogas e sem mecanismos de defesa neuróticos e destrutivos como o masoquismo e a depressão.

Capacidades e habilidades latentes tornam-se freqüentemente aparentes quando é preciso arcar com eventos inesperados e não planejados. Isto sempre ocorre quando um adolescente homossexual se assume. Ele tem que encontrar meios para expressar a sua sexualidade dentro de uma sociedade preconceituosa e lidar com seus amigos heterossexuais. Ele começa a pensar a respeito das diferenças entre ele e sua família e amigos. Passa a se questionar a respeito do futuro e das escolhas que terá que fazer, incluindo o possível abandono de expectativas anteriores relacionadas a viver uma vida convencional e ter a sua própria família.

Todos os adolescentes testam os limites sociais, descuidada e às vezes até perigosamente, e procuram relacionamentos que preocupam os pais como forma de expressar o desejo de que forças sociais externas intervenham para ajudar a combater a pressão sexual interna e a agressividade, que amedrontam porque são novas e dolorosas. Ao colocar os seus impulsos contra as exigências e expectativas dos pais e sociedade, todos os adolescentes expandem a sua capacidade de se conter, se controlar, organizar e arcar com uma variedade de novas situações.[18]

Apesar de existirem limites para o crescimento de qualquer pessoa, a ambigüidade de seu papel social, e a liberdade advindas desta ambigüidade de definir o seu papel, dá ao adolescente gay, mais do que a seus amigos heterossexuais, oportunidades de expandir e testar os seus atributos para arcar e lidar com relacionamentos e circunstâncias novas e freqüentemente problemáticas. O adolescente gay que se assume tem oportunidade de planejar a sua vida sem ser coagido pelas expectativas e convenções sociais. Estas oportunidades trazem consigo a liberdade, assim como a responsabilidade, de determinar o seu próprio futuro.

4

O dilema dos homossexuais casados

*Tudo o que resta é fingir. Mas fingir até
o fim da vida é o pior tormento.*
Peter Tchaikowsky
depois de seu casamento em 1877

Como muitos homossexuais não são capazes de aceitar a sua
própria orientação sexual, e sentem necessidade de se adequar às expectativas da sociedade, vários deles acabam se decidindo por casamentos heterossexuais.[1] Eu atendi quatorze homossexuais casados e
tratei de nove deles ao longo de um ano. Sete deles se divorciaram,
cinco durante o tratamento e dois antes de começá-lo. Dois ainda
permanecem casados.

Divorciar-se de alguém com quem já se vive há vários anos é
sempre angustiante, mas, no caso de um homossexual, esta decisão
faz parte de um estágio de desenvolvimento particularmente complexo que pode apresentar sérios riscos psicológicos. Esta decisão envolve freqüentemente a transição de vários anos de negação da
própria orientação sexual para o autoconhecimento, e daí então para
vários graus de auto-aceitação. A transição de um casamento heterossexual para um relacionamento gay implica desistir da refulgente
respeitabilidade oferecida pelo casamento. Normalmente significa
também tornar a sua homossexualidade pública e arcar com o preconceito e com a estigmatização.

A maioria dos homossexuais se casa porque nega a sua homossexualidade. Alguns sabem que são homossexuais, mas escolhem
se casar assim mesmo por uma série de razões. Eles se casam porque

querem viver uma vida convencional, heterossexual, por causa da relativa facilidade, conforto e respeitabilidade social que o casamento oferece; porque querem ter filhos e acreditam que um casamento seja o melhor para as crianças; ou porque querem agradar os pais. Um homossexual pode ainda querer se casar porque ama a sua futura esposa. Desde o começo dos anos oitenta, alguns também se casaram na esperança de evitar contrair o vírus HIV.[2]

Quer negue ou esteja consciente de sua orientação sexual, qualquer homossexual que se casa o faz, segundo minha experiência clínica, por causa de antigos danos causados à sua auto-estima que fizeram com que ele visse a sua homossexualidade como má, pecaminosa, ou como uma doença. Ser heterossexual, ele acredita, é melhor ou mais saudável, e ele tem uma esperança inconsciente de que com o casamento virá a tão desejada respeitabilidade. A maioria espera, não importa quão fortes sejam suas inclinações homoeróticas ou tenham sido suas experiências sexuais pregressas, que o casamento os cure.

Todos os homossexuais casados que atendi tiveram necessidade de repetir com suas esposas a sensação de serem emocionalmente privados ou desapontados por sua mãe. A esperança fútil de dominar tal trauma oferece um motivo forte, porém inconsciente, para estes casamentos heterossexuais. Ao longo de muitos destes casamentos surge também a raiva da esposa como uma substituta da mãe. Há também, é claro, alguns casamentos heterossexuais conflituosos que têm o mesmo componente inconsciente. E é possível também que haja gays que não procurem ajuda por não viverem conflitos significativos em seus casamentos; mas eu creio que a homossexualidade de um homem é provavelmente a maior fonte de conflito num casamento heterossexual, a menos que ele tenha um forte componente bissexual, como falarei mais à frente.

Um outro motivo, também inconsciente, para o casamento de alguns homossexuais é a tentativa de obter o amor e a aprovação do pai há tanto tempo desejados, aceitando os papéis masculinos de marido e pai determinados pela sociedade. Muitos dos homossexuais casados que atendi foram explícita ou implicitamente encorajados a se casar por seus analistas ou terapeutas orientados analiticamente numa tentativa de ajudá-los a superar o que, na visão dos analistas, seriam as "inibições" da heterossexualidade de seus pacientes. O desejo de agradar o terapeuta casando-se deriva normalmente do desejo frustrado de obter o amor paterno. Uma psicanálise ou terapia conduzida de maneira inapropriada deveria ser considerada como mais uma razão para que alguns gays se casem.[3]

O conselho dado aos homossexuais pelos analistas hoje em dia se assemelha impressionantemente àquele dado a Andre Gide cem anos atrás, pouco antes de seu casamento. Um "especialista de considerável renome", a quem ele havia consultado por causa de suas crescentes dúvidas e ansiedade causadas por sua homossexualidade, aconselhou:

"Você diz, contudo, que está apaixonado por uma garota, e que está hesitando em se casar com ela, por saber de suas outras preferências... Case-se. Case-se sem medo. E você logo verá que todo o resto só existe na sua imaginação. E você parece um morto de fome que tem tentado sobreviver até agora comendo apenas picles." (Estou citando as suas palavras exatamente, Deus é testemunha de como me lembro bem delas!) "Devido ao instinto natural, você não precisará de muito tempo de casado para perceber qual é a sua opção e voltar a ela espontaneamente."

Gide continua:

O que logo pude perceber, porém, foi o quanto o teórico estava errado. Errado como todos aqueles que insistem em considerar as preferências homossexuais... tendências adquiridas e portanto modificáveis através de educação, promiscuidade, amor... O amor com certeza me estimulava, mas não importa o que o médico tenha prescrito, ele não me trouxe de maneira alguma uma normalização dos meus desejos através do casamento. Ele no máximo me deu oportunidade de enveredar pela castidade, num esforço custoso que serviu meramente para me dividir ainda mais. O coração e os sentidos me puxavam para direções opostas.[4]

A maioria dos homossexuais consegue manter relações sexuais com suas mulheres nos primeiros dois anos de casamento, embora sem muita paixão. Eles ficam encantados pela excitação ou "exaltação" de estar casado. Tiram proveito do convencionalismo, aceitação social e aprovação dos pais. Os homossexuais costumam querer ter filhos e se tornam pais responsáveis, ternos e afetuosos – em parte por se sentirem relativamente mais à vontade com os aspectos nutridores de sua personalidade que os heterossexuais. A capacidade destes homens de serem bons pais freqüentemente fortalece os laços amorosos entre marido e mulher, bem como aqueles entre o pai homossexual e seus filhos.

A maioria dos homossexuais relata ter apresentado ansiedades e depressões crescentes depois dos primeiros anos de casamento. O sexo é então experienciado como "uma tarefa" e é encarado com ansiedade. Uma vez que o objetivo de um homossexual numa relação heterossexual é apenas a procriação e não o prazer, a freqüência de suas relações diminui ou cessa por completo depois do nascimento do primeiro filho.

Os homens que deixam de fazer sexo com outros homens tendo em vista o casamento, normalmente voltam a fazê-lo depois dos primeiros anos. O sexo é inicialmente anônimo e ocorre muitas vezes em banheiros públicos, cinemas pornográficos gays ou em parques, ou com prostitutos, onde ele pode ser rápido e não invasivo.[5] Nos anos subseqüentes estes encontros anônimos tornam-se cada vez mais insatisfatórios devido ao desejo de um relacionamento amoroso com um outro homem.

É interessante que a separação ou divórcio ocorram com tanta freqüência depois de quinze a vinte e cinco anos de casamento. A esta altura o homem gay ou está numa relação próxima com outro homem ou deseja isso. As crianças agora estão mais independentes e não precisam mais da mesma atenção; muitas vezes já estão até fora de casa. Tanto o marido quanto a mulher sentem uma distância, isolamento, solidão e desespero crescentes.

Estes casamentos normalmente terminam, não por falta de amor, afeto ou respeito mútuo, mas porque os dois parceiros precisam tornar a sua vida mais satisfatória, de acordo com os seus reais anseios e desejos. Nem todos os homossexuais, porém, desejam separar-se de suas esposas. Compromisso e afinidade, culpa por sua raiva, e a ambivalência a respeito de sua orientação sexual podem contribuir para a decisão de permanecerem casados.

Há alguns anos recebi uma longa carta de um homem de seus quarenta e poucos anos que tinha sido casado por mais de vinte. Sua história e seu desespero assemelham-se às histórias e ao desespero de muitos homossexuais que permanecem em seus casamentos:

> Meus pensamentos e interesses sexuais são quase sempre relacionados a pessoas do mesmo sexo. Eu tive consciência destes sentimentos desde os quatro anos de idade. Lembro-me de quando um primo mais velho veio à nossa fazenda quando eu tinha quatro anos. Ele dirigia uma motocicleta vestido com jaqueta, boné e luvas de couro e sua camisa estava aberta. Um pêlo escuro, preto e encaracolado despontava no alto de sua camisa e isto me excitou muito, a ponto de ainda me lembrar desta cena quarenta anos depois. Lembro-me do meu choque e surpresa com o aspecto de outros rapazes na primeira vez que fui a uma piscina pública de minha cidade. Fiquei muito excitado com o seu tamanho e com o pêlo que crescia naquela parte do corpo e passei a gostar muito de ir à piscina por causa disto. Eu nunca tinha visto um homem sem roupa antes e passei provavelmente um bom tempo olhando para os outros homens. Eu sabia que gostava de ficar lá e disse isto a um cara que era meu amigo desde os quatro anos de idade.
> Minha primeira experiência sexual foi uma masturbação acidental durante um banho. Eu descobri... como era bom esfregar o meu pênis e continuei a fazer isso até sentir aquela sensação excitante e um líquido branco sair dele. Eu estava assustado e não sabia o que tinha feito, mas sabia que era bom. Isto foi mais ou menos aos doze anos. Descobri o que era com o meu amigo. Ele me disse que aquilo era "gozar" e que o líquido branco era sêmen e que nada de mau tinha acontecido. Pouco tempo depois ele me perguntou se eu já tinha brincado de "vaca". Colocou-me de quatro, baixou minhas calças e começou a friccionar meu pênis rígido. Foi extremamente bom e eu então fiz a mesma coisa com ele. Esta foi a primeira vez que eu toquei no pênis de outro homem. Foi uma sensação maravilhosa. Começamos a fazer isto regularmente. Muitas vezes nos colocávamos na posição "papai-mamãe" e ele me disse que era assim que um homem e uma mulher faziam amor. Tínhamos provavelmente dezesseis anos quando chupamos o pênis um do outro pela primeira vez, algo que eu a princípio temia tanto quanto ele. Nunca gozávamos na boca um do outro – parecia nojento na época. Nossa masturbação mútua se manteve até eu sair de casa aos dezessete anos. Ainda somos amigos até hoje, mas nunca falamos sobre este assunto.
> Com o tempo, passei a ter outras sessões de masturbação mútua,

primeiro com um estivador e depois com um amigo próximo do colégio, ambas tendo chegado ao sexo oral. Eu demorei muito tempo para namorar, pois achava que isto teria que acontecer com uma garota. Eu não sabia nada a respeito de homossexualismo, nem teria aceitado que esta fosse uma direção para a qual eu estava me encaminhando. Eu justificava minhas atividades sexuais com outros rapazes como "uma ajuda mútua".

Fiz sexo com um outro amigo meu aos dezoito anos. Ele tinha mais ou menos vinte e oito anos na época. Foi a única pessoa que ejaculou na minha boca. Foi um choque para mim e eu fiquei muito envergonhado. Fui para casa e chorei. Tive tanta vergonha da minha vida que pensei em suicídio, cheguei até a gravar mensagens para a minha família. A angústia de certa maneira passou. Eu segui em frente, mas nunca mais o vi. Ele deixou uma marca profunda em mim, e a vergonha ainda persistiu por anos.

Meu crescimento tornou-se muito doloroso quando percebi que era diferente dos rapazes da minha idade. Eu sabia que não tinha os mesmos sentimentos por garotas que os outros rapazes descreviam. Costumava namorar por algum tempo com a mesma garota, o que agora sei, era provavelmente uma coisa segura. Beijar era bom, mas nunca me provocou uma ereção ou fez com que eu ficasse excitado. Minha primeira experiência com uma mulher foi com uma prostituta que um amigo de escola me encorajou a ir ver com ele. A experiência foi insatisfatória e muito difícil de levar a termo.

Aos vinte anos senti uma forte necessidade de namorar firme. Eu namorei uma garota por seis anos e fazia sexo regularmente com ela, o que consistia simplesmente em me satisfazer sem considerar na verdade as necessidades dela. Eu não entendia quais eram as necessidades de mulher alguma. Enquanto estava namorando esta garota, continuava a fazer sexo ocasionalmente com homens quando surgia uma oportunidade, mas, como já disse anteriormente, apenas com pessoas que eu conhecia, e não de maneira promíscua. Um deles era um companheiro de quarto que me provocou enquanto fingia estar dormindo. Tivemos um envolvimento de oito meses que durou até ele se casar.

Aos vinte e seis anos conheci uma garota maravilhosa que era um estímulo constante para mim e ficamos noivos um mês depois de nos conhecermos. Ela me deixou muito excitado e começamos a fazer sexo três meses depois de nos conhecermos. Casamos dez meses depois, e deste casamento nasceram duas adoráveis crianças. Com o tempo ficou cada vez mais difícil ter relações sexuais satisfatórias com ela, muitas vezes só conseguidas com a ajuda de uma forte fricção que me provocasse uma ereção. Com o passar dos anos tornava-se cada vez mais penoso fazer sexo com ela, embora meus sentimentos não tivessem diminuído e nós ainda nos déssemos muito bem. Meus sentimentos por outros homens não diminuíram. Meus sonhos são todos ainda homossexuais, apesar de minhas ações, na maior parte das vezes, não o serem. Eu continuo gostando da visão, do cheiro, e do toque de outros homens, e vejo muitos deles no clube. Todos são heterossexuais, e eu prefiro que os meus amigos sejam assim, eu acho, porque nunca tive um amigo próximo com quem eu pudesse ter um contato sexual e continuar amigo. Apesar de ter vários conhecidos gays, sinto-me pouco confortável com eles e não me relaciono com eles atualmente.

Já faz alguns anos desde que tive o meu último contato sexual com um homem, mas isto não diminuiu o desejo de estar com um, de ser abraçado com força e de ouvi-lo dizer que me ama. Tenho dois amigos (heterossexuais) muito próximos que sempre me abraçam e dizem que me amam, mas eu jamais poderia dizer a eles o que eu realmente sinto, e nunca baixo a guarda quando estou com eles. É difícil explicar a dor que se sente e o desejo de estar próximo a outro homem.

Eu sei que não procurei esta minha condição; sempre fui como sou hoje. Sei que se torna cada vez mais difícil viver na concha solitária em que estou agora, mas não consigo achar uma saída.

Como a maioria dos homossexuais casados por vários anos, ele sente uma paixão pouco ou nada sexual por sua mulher, ou por outras mulheres, e deseja uma conexão sexual e emocional com um homem. Mas também, como muitos, ele ama a mulher e os filhos. Ele não vê saída para o conflito entre o seu desejo de amar e ser amado por outro homem e a sua devoção à família. Para se manter no casamento, ele deixou de fazer sexo com homens por "alguns anos". A percepção da frustração inerente à sua situação complexa e capacidade de verbalizar e tolerar esta frustração provavelmente o ajudaram a se manter no casamento, embora com desespero e solidão.

A meia-idade aumenta a consciência da "finitude da vida". Junto com esta consciência cresce também o desejo de reverter, antes que seja tarde, as descontinuidades entre as necessidades, desejos e ambições e as responsabilidades e expectativas sociais. Talvez estejamos melhor equipados nesta fase por causa da experiência prévia em resolver conflitos, para nos confrontarmos com necessidades e desejos reprimidos e negados e tolerar as perdas advindas da expressão destas necessidades. Os terapeutas são procurados freqüentemente neste estágio de desenvolvimento e podem ser de grande ajuda para resolver esta difícil crise da meia-idade.[6]

Peter

Peter me procurou para que eu o ajudasse a lidar com sua depressão. Ele tinha quarenta e seis anos e estava casado há uns vinte quando começamos a trabalhar juntos. Ele não fazia sexo com sua mulher há quinze anos, não havia tido nenhuma experiência homossexual depois de seu casamento e queria continuar casado. Ele não estava interessado em se tornar gay.

Peter tinha um histórico moderadamente grave com relação ao álcool, motivo pelo qual ele havia se tratado com um terapeuta quando estava por volta dos quarenta anos. O terapeuta conseguiu ajudá-lo neste aspecto, mas não no que se referia à sua falta de interesse sexual pela mulher. Ele tentou falar sobre a sua antiga atração por homens, mas seu psiquiatra via o homossexualismo como uma defesa contra os impulsos heterossexuais e deu pouco crédito ao medo que Peter tinha de ser homossexual. A terapia foi interrompida porque o terapeuta achava que Peter não estava motivado para discutir sobre suas dificuldades matrimoniais.

Ele veio a mim uns dois anos depois, à procura de alívio para a sua depressão e ingestão excessiva de álcool, que haviam aumentado durante o último ano. Ele queria compreender por que estava tão sozinho e melhorar a comunicação com sua esposa.

Acreditava que a falta de sexo com a esposa havia causado uma considerável tensão, mas achava difícil discutir qualquer problema com ela porque temia o confronto e a raiva – a sua própria e a dos outros. Ele também achava que seria difícil discutir a sua homossexualidade comigo, acreditando que, se o fizesse, iria querer "tornar-se gay". Ele precisava do convencionalismo oferecido por sua mulher, filho e vida de classe média alta, segundo me disse, para continuar a ser bem sucedido profissionalmente.

Algumas semanas depois de sua primeira consulta, Peter hesitantemente começou a falar sobre sua atividade homossexual quando adolescente e sobre as poucas experiências que havia tido lá pelos seus vinte anos. Seus contatos sexuais sempre foram seguidos de nojo e culpa.

Ele me contou que havia procurado ajuda psicológica pela primeira vez com vinte e poucos anos, porque estava preocupado com seus impulsos sexuais, e disse ao terapeuta que gostaria de viver uma vida "normal", casar e ter filhos. De acordo com Peter, o terapeuta respondeu que ele deveria tirar os pensamentos homossexuais da cabeça e começar a namorar com mulheres. Pouco depois disto, Peter conheceu sua futura esposa. Eles noivaram um ano depois e logo começaram a manter relações sexuais, a primeira tentativa heterossexual de Peter. Ele achava o sexo mecânico e sem paixão e tinha dificuldades freqüentes em ter uma ereção ou então ejaculava imediatamente após a penetração. Sua noiva ameaçou romper o noivado por causa de suas dificuldades sexuais e falta de interesse, pressionando-o a voltar para a terapia.

O interesse de Peter pelo sexo diminuiu mais ainda depois do casamento, e cessou por completo depois do nascimento de seu único filho. Apesar de amar seu filho, ele se sentia cada vez mais distante de sua mulher e logo começou a ficar desesperado com a situação de seu casamento. Ele se sentia sozinho e "vazio". O trabalho era a única área de sua vida considerada bem-sucedida.

Perto do fim do seu primeiro ano de terapia, Peter falou comigo sobre suas fantasias masturbatórias homoeróticas. A idéia de um relacionamento com um homem era inaceitável porque ameaçaria a aparência convencional de sua família. Além disso, tendo se sentido não amado e não querido por seu pai, que favoreceu seu irmão mais velho, mais agressivo e atlético que ele, temia agora ser rejeitado cada vez que sentia afeto por um outro homem, ou da parte dele.

Peter era indiferente e distante em sua relação comigo. Tratava a mim e aos outros do mesmo modo como havia sido tratado pelos pais; o seu distanciamento o protegia das relações que, ele tinha certeza, seriam inevitavelmente desapontadoras. Com o tempo ele foi capaz de compreender a natureza de suas transferências e se tornou mais confiante e capaz de tolerar algumas dependências e sentimentos de afeto.

Durante cinco anos, tendo duas consultas semanais, Peter passou a tolerar melhor suas fantasias homossexuais. Ele conseguia se masturbar mais à vontade e com maior freqüência usando imagens homossexuais e até se permitia olhares furtivos para um homem atraente na rua ou numa livraria pornográfica gay. Quanto mais ele entrava em contato com a sua vida interior, menos isolado e sozinho ele se sentia em todas as suas relações, especialmente com sua mulher.

Com o progresso de nosso trabalho, Peter entendeu a sua vontade frustrada de ser amado e reconhecido por seus pais e tornou-se menos dependente do reconhecimento de seus colegas de profissão. Ao término de sua terapia a depressão havia diminuído e ele já não bebia mais. Ele estava em contato com o seu desejo homossexual e sentia-se menos "vazio", apesar de seu prazer sexual continuar limitado à masturbação com fantasias homossexuais e olhares fortuitos em revistas gays. Ele não conversou com sua mulher a respeito de sua orientação sexual e suas dificuldades sexuais, já que, como ele freqüentemente exclamava: "eu não discuto nada com ela mesmo." À medida que ele foi ficando menos crítico consigo mesmo, tornou-se mais tolerante com os outros, mais produtivo no trabalho, mais respeitoso com sua mulher e mais amável de uma maneira geral.

Peter se casou porque odiava a sua homossexualidade. Sua auto-estima danificada fez com que fosse impossível aceitar os sentimentos homossexuais que poderiam aliená-lo de seus pais ou amigos. Ele queria parecer convencional, numa tentativa fútil de ganhar o amor, o louvor e a admiração dos pais, especialmente de seu pai. Ele repetiu com sua mulher o profundo sentimento de rejeição que sentira com sua mãe egocêntrica. Ele continuou casado, não só porque obtinha alguma gratificação deste casamento e se sentia comprometido com sua mulher e filhos, mas também por causa de sua necessidade de repetir e dominar o sentimento de privação emocional que ele tinha vivido com os pais.

Peter sempre sofrerá de depressão em algum grau e terá que lidar com a sua solidão e sensação de isolamento, mas, como o autor da carta anterior, ele continua razoavelmente contente.

John

John estava com quarenta e poucos anos quando veio até mim, descontente, pensando em se divorciar. Ele acreditava que seu casamento estava impedindo os seus esforços em lidar com a sua homossexualidade, e queria "tornar-se mais gay". Como Peter, ele estava casado há uns vinte anos, mas ao contrário dele, queria sair deste casamento.

John tinha feito terapia por muitos anos com um psicanalista que, segundo ele, o criticava e via a sua homossexualidade como um distúrbio emocional. Ele esperava que eu fosse menos preconceituoso.

Durante a sua infância, nem a mãe nem o pai eram afetuosos com as crianças. John, assim como Peter, descrevia a sua mãe como "egoísta" e o seu pai como perfeccionista, exigente, ambicioso e indisponível. Ele dava duro na escola para agradar os pais, duro o bastante para ser admitido numa das melhores universidades do país. Apesar da vitalidade, inteligência e energia que o tornaram popular, ele se sentia isolado, sozinho e incapaz de ser amado.

John teve eventuais relações sexuais com homens desde os dois últimos anos do colégio, e no terceiro ano de faculdade deu início a um caso com seu companheiro de quarto que duraria um ano. Ele se sentiu seguro enquanto a relação permaneceu apenas sexual, mas, perto do fim dos estudos, John começou a perceber que estava se apaixonando. Foi ficando cada vez mais agitado e deprimido, perdeu o apetite e não conseguia dormir. A ansiedade interferiu na sua capacidade de estudar para as provas finais, e querendo ficar longe de seu namorado, ele deixou a faculdade. Para não irritar o pai, John inventou algo sobre dar um tempo para se preparar academicamente para a formatura.

Ele trabalhou durante o ano seguinte e então concorreu e foi aceito numa universidade de muito prestígio, onde terminou seus estudos e em seguida começou pós-graduação. Começou a se tratar com o seu primeiro analista no último ano de faculdade para erradicar a homossexualidade que ele acreditava ser a causa de sua depressão. Temendo críticas, ele não contou ao analista que fazia incursões freqüentes aos banheiros da biblioteca de sua faculdade e às ruas perto da universidade para encontrar parceiros sexuais.

Foi nesta faculdade que ele conheceu sua futura esposa. Apesar das suas fantasias sexuais desde que ele era capaz de se lembrar terem sido sempre homossexuais, ele descreveu o sexo com ela como bastante satisfatório a princípio. Mas ele também continuou a ter freqüentes encontros homossexuais anônimos. Seu analista o encorajou a manter a relação com ela, esperando assim erradicar a sua homossexualidade. John se casou perto da conclusão de seu curso.

Depois dos primeiros dois anos de casamento, o sexo passou a ser ocasional, sem paixão e "mecânico". Ele começou a ir à sauna uma vez por semana, com o cuidado de fazê-lo no horário de trabalho e não no final da tarde, para que estes interlúdios não perturbassem sua vida doméstica. Para não se envolver nesses encontros sexuais e não formar nenhum vínculo, ele escondia a sua verdadeira identidade, dando aos parceiros, nome, ocupação e telefone falsos.

John tinha vergonha de ser homossexual, concentrando a sua vergonha na "sordidez" e no anonimato de seus encontros. Sete ou oito anos depois de seu casamento, ele começou a desejar relacionamentos mais íntimos. Um ano antes de me consultar, ele começou a ir à sauna várias vezes por semana, e poucos meses depois conheceu um homem por quem ele acreditava ter se apaixonado. Antes do nosso primeiro encontro ele estava pensando em sair de casa, apesar de nunca ter falado com sua mulher sobre seus encontros homossexuais e ser ainda totalmente enrustido em seu ambiente profissional. Excetuando o seu namorado e um amigo gay, ele não tinha falado a ninguém sobre a sua homossexualidade.

John tinha orgulho de sua bela casa e da atmosfera amorosa e acolhedora que havia criado para a mulher e os filhos. Ele reconhecia que precisava da segurança emocional e da serenidade que eles lhe propiciavam. Por isso eu estava preocupado com seus desejos impulsivos de abandoná-los e com a negação da dor que ele poderia sentir e da rejeição social que ele poderia encontrar. Como John estava angustiado há vários anos por causa de sua homossexualidade e tratava essa orientação sexual como um hábito indesejado do qual ele deveria se livrar, eu acreditava que a urgência de seu desejo de "tornar-se mais gay" devia-se tanto à ansiedade e vergonha de ser homossexual como à sua necessidade de auto-aceitação.

Baseado em suas antigas fantasias quase exclusivamente homossexuais, eu sentia que John era homossexual. Também acreditava que ele deveria compreender a sua raiva inconsciente causada pela carência emocional sentida na infância antes que a sua auto-imagem fosse forte o bastante para que ele pudesse começar a consolidar e integrar a sua orientação sexual e formar uma identidade sexual positiva. Somente então ele poderia lidar com a angústia da separação e do divórcio e ser capaz de sustentar um relacionamento com outro homem.

Poucas semanas depois de começar a se tratar comigo, ele alugou um apartamento para ter um lugar onde passar algum tempo com seu namorado. Ele disse à mulher que estava trabalhando até tarde, mas quando ela ligou e descobriu que ele não estava no trabalho, ficou desconfiada, como era de se esperar. Eu comentei que ele estava chamando a atenção dela para o seu caso em vez de falar diretamente com ela por temer a sua raiva. Eu avisei que ele precisava de tempo para entender os motivos existentes por trás de sua necessidade de deixar a família e a ambivalência a respeito de sua homossexualidade antes de cuidar da sua nova relação. Meus comentários foram recebidos com desdém. Não querendo ser lembrado do conflito que sentia com relação à sua orientação sexual, ele sugeriu que eu deveria me sentir pouco à vontade com minha própria homossexualidade.

Cinco ou seis meses depois de começar a terapia, John saiu de casa precipitadamente, sem explicar à mulher ou às crianças por que havia feito isso. Apesar de voltar regularmente para levar as crianças para a escola, sua mulher estava chocada, atordoada e furiosa.

O seu novo namorado não se mudou com ele, mas eles se viam com freqüência. John me disse que agora se sentia feliz e livre e negava qualquer tristeza ou arrependimento. Eu estava preocupado, achando que ele não tinha apoio social para sustentar esta situação e sugeri a ele que fizesse amizades com outros gays. Ele poderia começar a fazer isto, eu lhe disse, participando de um grupo de gays que tinham filhos. Ele aceitou o conselho, apesar de recusar-se a dar o seu verdadeiro nome nos encontros. Ele não tinha planos de lidar com a sua homossexualidade entre os colegas de profissão, preferindo fazer "uma coisa de cada vez".

Poucas semanas depois de sair de casa, ele falou com sua mulher, dizendo a ela que havia encontrado um homem e que precisava de "um tempo para lidar com esta experiência". Ele deixou implícito que esta era a sua primeira experiência homossexual, dizendo tratar-se provavelmente de uma fase passageira em sua vida e que ele estava confuso a respeito de seus impulsos homossexuais. Pouco depois disto o namorado de John disse a ele que o amava. John começou a achá-lo menos atraente, começou a se sentir distante e introvertido. Em poucas semanas eles estavam se vendo bem menos e John rompeu o relacionamento. A sua própria dependência crescente e a sensação da vulnerabilidade de seu namorado fizeram com que mais uma vez ele fugisse de um relacionamento íntimo.

John voltou para casa, envergonhado e arrependido. Como ele não estava conseguindo dormir bem e parecia clinicamente deprimido, eu sugeri que uma experiência com um antidepressivo poderia estabilizar o seu humor. Ele rejeitou a idéia, temendo ficar dependente da medicação.

Ele me disse o quanto estava feliz de ter voltado para casa, que se sentia bem, menos deprimido e novamente seguro com a família. Ele gostava particularmente de passar o tempo com os filhos, que estavam, é claro, aliviados por ele ter voltado para casa.

Dois meses depois disso, ele recomeçou a ter relações homossexuais fortuitas em saunas. Logo voltou a ir às saunas várias vezes por semana. Sua relação com a mulher se deteriorou quando ela suspeitou que ele havia reassumido suas atividades homossexuais.

Ele falou mais uma vez em terapia sobre o seu descontentamento e desejo de viver abertamente como gay. Afirmava estar à vontade com a sua homossexualidade, mas também continuava a expressar vergonha a respeito de seus encontros sexuais. Ele continuou enrustido em todos os aspectos de sua vida, exceto por seu único amigo gay e o grupo, onde ele havia começado gradualmente a revelar mais a respeito de si mesmo. Como eu continuei a encorajá-lo a fazer mais amigos gays com quem ele poderia contar para ter apoio, John se assumiu para um outro amigo gay que ele já conhecia há muito tempo, mas ficou desapontado e com raiva por ele não ter sido tão atencioso quanto ele esperava.

John tinha dificuldade para falar de sua carência emocional na infância. Eu enxergava a vergonha constante que ele tinha de sua atividade sexual e os problemas para fazer amizade com outros gays como sintomas de uma raiva voltada para si mesmo que estava

Tornar-se gay

obstruindo a sua capacidade de formar uma identidade positiva como gay. Achava também que a maneira com que ele estava tentando lidar com o casamento, ostentando a sua independência e o seu "direito" de ficar fora até tarde era autodestrutiva. Interpretei essas afirmações de independência como tendo menos a ver com a necessidade de expressar a sua sexualidade, como ele sustentava, do que com a sua raiva da mulher e dos filhos devido ao seu empobrecido e emocionalmente abusivo relacionamento com os pais na infância.

John desta vez concordou relutantemente em tomar um antidepressivo, que no início o ajudou a aliviar a sua crescente agitação e depressão, apesar de não mudar em nada a sensação de desespero. Um mês depois, sem sequer discutir o assunto, ele parou abruptamente de tomar o medicamento por causa dos desagradáveis efeitos colaterais e se recusou a experimentar outro.

John logo conheceu outro homem nas saunas por quem se sentiu muito atraído. Robert era HIV positivo, requisitava muito a sua atenção e estava compreensivelmente ansioso por causa de sua saúde deteriorada. Ele tinha uma necessidade urgente de um relacionamento íntimo e queria que John se mudasse imediatamente. Eu não poderia imaginar um namorado menos apropriado para ele naquela época, já que Robert ficava furioso cada vez que John ia visitar a sua família.

Eu previ que sentir-se dependente de Robert poderia posteriormente provocar a sua raiva e posterior culpa, como acontecera em todas as suas relações anteriores. Se ele deixasse a casa novamente e a relação fracassasse, eu lhe disse, a sua mulher poderia não querê-lo de volta. Assinalei que ele levaria tempo para entender as suas dificuldades em manter relacionamentos íntimos e que deveria ir devagar. Ele zombou de minhas preocupações.

John fez terapia comigo duas vezes por semana por mais ou menos um ano e meio. Ele levava o tratamento a sério, mas sempre teve dificuldade em recordar detalhes da sua relação formativa e traumática com os pais. Ele continuou a tomar decisões importantes sem discuti-las comigo. Minhas perguntas a respeito deste comportamento evocavam sempre a mesma resposta: "Eu sempre fiz as coisas por conta própria e não vou mudar isto agora." Quando tentei apontar que o seu medo de se sentir dependente e afeiçoado não permitia que ele confiasse em mim e estava fazendo com que ele se sentisse cada vez mais ambivalente a respeito da terapia, ele fez pouco caso de mim e de meus esforços.

Uma tarde ele chegou para a consulta e anunciou que havia se mudado com Robert. Ele amava Robert, disse, e queria estar o máximo de tempo possível com ele. Para isso tinha planejado passar menos tempo trabalhando, e por isso abandonara um trabalho que era muito gratificante.

John ficou chocado quando sua mulher deu início ao processo de divórcio e com a quantia exigida no acordo. Seu advogado o aconselhou a manter a relação com Robert em segredo, pois caso viesse a público, sua esposa poderia querer usá-la para restringir o seu direito de ver as crianças. Logo depois disto, John, Robert e o seu filho de nove anos fizeram uma visita ao museu Metropolitan. Quando eu questionei se isto tinha sido uma atitude apropriada, ele ficou furioso, afirmando de novo que eu o estava impedindo de "se tornar gay."

No dia seguinte ele cancelou a consulta, deixando um recado de que estava procurando outro terapeuta. Eu telefonei para ele tentando convencê-lo a discutir esta decisão. Ele disse que as taxas cobradas pelo advogado e a antecipação do acordo financeiro com a mulher fizeram com que a terapia acabasse saindo muito cara. "Além do mais", ele disse, "esta terapia está me deixando tempo demais longe de Robert." Eu disse a ele que me ligasse quando quisesse. Duas semanas depois, ele encontrou outro terapeuta, um assistente social, cujo consultório ficava mais perto do seu escritório. "O trajeto não será tão difícil nem me tomará mais tanto tempo", ele disse. Tive a impressão que a crescente necessidade que ele sentia de mim desde a separação de sua mulher o tinha amedrontado e enraivecido.

Cerca de oito meses depois, o seu amigo gay ligou para me dizer que John havia cometido suicídio e que o seu corpo fora encontrado num quarto de motel em outro estado. Ele tinha ido a mais dois terapeutas, mas não achou nenhum deles satisfatório. A relação com Robert se deteriorara. John quis voltar para casa; sua mulher não o quis de volta. Ele não deixou nenhum bilhete de explicação.

John tinha uma depressão crônica atípica. Quando se sentia dependente do apoio e afeto de alguém, sentia uma raiva inconsciente frente à perspectiva de ser abandonado, e vingativamente abandonava a pessoa antes que isto acontecesse. A ausência emocional de sua mãe em sua infância e possivelmente a sua abrupta retração, tanto física quanto emocional quando do nascimento de seu irmão seis anos mais novo, deixaram-no vulnerável ao abandono dos outros e à fúria que ele experimentava cada vez que se sentia dependente. Seu pai, que ele julgava perfeccionista, exigente e preocupado com o seu próprio sucesso profissional, não podia compensar John pela negligência de sua mãe.

Apesar de ter procurado ajuda para "tornar-se mais gay", ele vivenciava sua homossexualidade como a sua mais profunda imperfeição e tinha certeza de que não seria amado a menos que fosse perfeito. A sua homossexualidade era a expressão do desejo de uma relação amorosa e sexual com outro homem, mas através de seu comportamento sexual ele também expressava a raiva que sentia por sua mulher, filhos, mãe e pai, o que o conduziu à culpa, ao desespero e por fim ao suicídio.

Para que um homossexual de meia-idade consiga separar-se e divorciar-se sem sofrer mais do que a dor real causada por esta perda, é necessário que ele enxergue a sua orientação sexual de forma positiva. Se isto ocorrer, ele tem que ter uma auto-imagem saudável e realisticamente positiva. Se a auto-estima tiver sofrido graves danos ou tiver sido negligenciada na infância, como aconteceu com John, os impulsos e sentimentos homossexuais serão consciente ou inconscientemente avaliados de forma negativa, e a sexualidade que é vivenciada como parte de uma coisa ruim, doente ou imoral será provavelmente usada para expressar mágoa e raiva.[7]

John foi o único homossexual casado com quem trabalhei que se matou, mas vários dos homens de meia-idade que me procuraram tinham pensamentos suicidas. Minha amostra, é claro, não é aleatória, uma vez que qualquer homossexual casado que consulta um terapeuta sente-se em conflito com sua situação e pode, portanto, estar clinicamente deprimido.

Em sua pesquisa sobre homossexuais e "bissexuais" que eram ou haviam sido casados, Catherine Whitney citou a carta a seguir, que foi escrita pela ex-mulher de um homossexual:

> Éramos casados há oito anos quando descobri que meu marido estava tendo um caso com um homem. Ele me deixou para viver com

seu novo namorado, mas a relação só durou poucos meses e ele me implorou para recebê-lo de volta. Ele me prometeu que desistiria de ser gay, que tinha sido apenas uma fase passageira. Mas depois de dois anos, eu descobri que ele estava tendo um outro caso e lhe pedi que fosse embora. Ele me implorou que lhe desse mais uma chance e me prometeu que iria fazer terapia para resolver o seu problema. Mas eu não podia mais lidar com aquilo e disse a ele que não. Várias semanas depois ele se hospedou num hotel e tomou uma overdose de medicamentos.[8]

Whitney também cita um psicólogo que havia gravado a ligação de um homem para o seu programa de rádio ameaçando se matar:

> Sua voz estava abafada. Ele disse que estava ligando do telefone do carro, estacionado perto de uma ponte. Disse que tinha dirigido até lá com a intenção de cometer suicídio, mas me ouviu no rádio, parou o carro e ligou... Ele tinha cinqüenta e dois anos, estava casado há vinte e seis, com dois filhos adultos. Sentia-se como se tivesse vivido uma mentira por anos... mas achava que era tarde demais – ele havia perdido a sua chance. "Você pode me imaginar entrando num bar gay?", ele perguntou. "Eu não saberia o que fazer a esta altura. Agir de acordo com minhas inclinações agora seria a ruína da minha vida e da vida de minha família."[9]

Um terapeuta não deve enxergar o suicídio de John como simples resultado de sua depressão. Acho que seria de grande valia reconhecer que qualquer homossexual de meia-idade que tenha vivido um longo período num casamento heterossexual corre um sério risco de se suicidar. É bem provável que ele acredite que não há outra solução para o dilema causado pelo conflito entre o medo de perder o amor e a segurança e a necessidade inerente e urgente de expressar a sua sexualidade numa relação amorosa com outro homem.

Calvin

Calvin teve sucesso em fazer a difícil transição de um casamento heterossexual para uma relação gratificante com um homem. Tentarei registrar algumas das razões por que ele foi capaz de fazê-lo.

Ele estava com quarenta anos de idade, era casado há dezoito e tinha dois filhos adolescentes quando veio procurar ajuda. Ele amava a esposa e os filhos, mas se sentia frio, infeliz, insatisfeito e inautêntico. Estava exausto por ter que manter constantemente uma heterossexualidade fingida com sua família e colegas. Ele ansiava por uma relação amorosa com outro homem.

Calvin sempre se considerou homossexual. Desde quando podia se lembrar, suas fantasias foram predominantemente homoeróticas. Ele teve uma relação que durou quase dois anos quando estava com dezoito anos. Foi um caso tempestuoso, mas muito intenso e ele havia se apaixonado. Ele parou de ver seu namorado por causa da desaprovação dos pais, particularmente seu pai, que insistiu para que ele procurasse uma terapia por causa de sua homossexualidade.

Ele começou o tratamento, e, com a insistência explícita de seu analista, começou a buscar relacionamentos heterossexuais. Calvin achava o sexo com mulheres prazeroso, embora não fosse tão satisfatório quanto seus encontros homossexuais. Ele não sentia com mulheres a mesma conexão que experimentara com os homens. Apesar de tudo, ele se casou enquanto estava em tratamento e desistiu de ter relações homossexuais, mantendo um relacionamento sexual "bastante bom" com sua mulher nos primeiros dois ou três anos de casamento. Por volta dos trinta anos, ele voltou a fazer terapia devido à diminuição gradual do desejo sexual por sua mulher.

Calvin procurou a terapia quando tinha acabado de deixar o seu segundo tratamento. Com amargor, ele me informou que seus dois terapeutas anteriores enxergavam a sua homossexualidade como uma resposta fóbica à genitália feminina. Ele estava confuso, deprimido, temeroso, e às vezes tinha até pensamentos suicidas porque se sentia desesperadamente dividido entre o compromisso com sua família e o forte desejo de uma ligação apaixonada e amorosa com um homem.

O que mais ajudou Calvin no início de sua terapia foi a minha explícita compreensão de seu conflito. Mas eu também endossava implicitamente a sua necessidade de ir atrás do desejo homossexual, aceitando a homossexualidade como parte inerente e integral de sua natureza, e não como defesa contra uma heterossexualidade inibida. Como os pacientes anteriores, ele sabia que eu era gay e que também havia sido casado, informações estas que ele tinha adquirido antes de começar o tratamento.

Nos meses subseqüentes, Calvin começou a experimentar, de modo seguro, uma variedade de parceiros sexuais; e em um ano ele também estava encontrando gays para estabelecer amizade sem nenhum aspecto sexual. Ele estava excitado por redescobrir a paixão e se sentia à vontade e surpreendentemente sem conflitos a respeito de sua homossexualidade. A depressão clínica começou a regredir gradualmente.

No seu primeiro ano de terapia, Calvin foi confrontado por sua mulher devido à sua falta de interesse sexual e por ficar cada vez mais tempo fora de casa até tarde da noite. Ele então contou a ela sobre seu antigo interesse homossexual e seus encontros e paixões renovados. Em poucos meses eles concordaram em se separar.

A mãe de Calvin tinha sido alcoólatra; seu pai era emocionalmente distante e passara a maior parte da infância de Calvin na Europa a serviço do governo. Calvin tinha se sentido sozinho e não amado quando criança e agora reconhecia que havia passado a maior parte da sua vida tentando agradar os pais na escolha de sua profissão e tentando desistir de sua homossexualidade, casando e tendo filhos. Ele também reconheceu ter se casado para seguir a convicção de seu antigo terapeuta de que seria mais feliz e saudável sendo heterossexual.

Seus dois terapeutas anteriores o ajudaram a compreender e a lidar com a raiva por outras carências em sua infância. Como sua auto-estima havia sido menos prejudicada que a de John, Calvin tornou-se gradualmente capaz de ter contatos sexuais prazerosos e razoavelmente livres de conflitos. Também ajudaram a consolidar o seu sentimento positivo sobre si mesmo como gay as fortes e afetuosas amizades que ele estava fazendo com outros gays, suas experiências sexuais dentro de um contexto de relacionamentos afetivos e o fato de ter se assumido para os colegas.

Dois anos após se separar da mulher, Calvin precisou interromper a terapia. Mas eu tive a oportunidade de seguir seu progresso pois ele me encontrava de tempos em tempos durante o ano que se seguiu e manteve mais tarde contato por telefone.

Pouco depois de parar o tratamento, ele conheceu um jovem por quem se apaixonou e com quem decidiu morar após alguns meses. Seu parceiro deu a ele a paixão e a intensidade emocional que ele nunca havia experimentado antes e que há tanto tempo desejava.

O seu amor e apoio contínuo ajudaram Calvin a lidar com a solidão que muitas vezes sentia por causa da perda de sua família e amigos e por ter tido que deixar o tratamento.

John e Calvin procuraram tratamento com histórias e sintomas similares. Ambos estavam insatisfeitos com a falta de amor e paixão em suas vidas de casados. Ambos tinham suportado graves danos à sua auto-estima por negligência emocional sofrida na infância. Ambos haviam passado por tratamentos psicanaliticamente orientados onde o sexo heterossexual e o casamento eram incentivados como soluções para a sua homossexualidade por terapeutas que a enxergavam como um sintoma de heterossexualidade inibida. Cada um destes analistas tinha explorado inconscientemente a necessidade transferencial do paciente de ser amado por seu pai para fazer com que ele procurasse relacionamentos heterossexuais e eventualmente um casamento.

Observar as diferenças entre os dois, porém, é de particular utilidade para entender as necessidades individuais e adequar a terapia para homossexuais em casamentos insatisfatórios. John era o mais ávido, no começo de sua terapia, por "tornar-se gay" e por dissolver o seu casamento de vários anos com este intuito. Ao contrário de Calvin, ele negava que tivesse raiva da negligência emocional que havia sofrido na infância, estando portanto inclinado a expressar essa raiva de maneira autodestrutiva. Deixar sua mulher e filhos impulsivamente para se sentir menos deprimido fez com que ele fosse rejeitado por ela, o que reforçou a sua convicção de que era impossível ser amado, e contribuiu para o seu desespero, terminando por levá-lo ao suicídio. Apesar de seus dois analistas anteriores não terem capacitado Calvin a assumir a homossexualidade e assim poder tornar-se gay, eles fortaleceram muito sua capacidade de tolerar e expressar a raiva. Ao contrário de John, Calvin se sentia seguro e confiante o bastante para fazer uso de sua relação comigo, a fim de reviver e então trabalhar seus sentimentos de fúria relacionados ao pai que o rejeitava e estava freqüentemente ausente. Voltar a trabalhar com estes relacionamentos na transferência fez com que ele pudesse evitar repetir a experiência de rejeição em seus novos relacionamentos. Compreendendo as origens de sua raiva em sua infância, ele se permitiu sentir afeição por mim, o que facilitou a capacidade de fazer amizades afetuosas e sustentadoras fora da terapia, e o mais importante, apaixonar-se. Ele havia estabelecido uma identidade gay forte e positiva como parte de sua crescente auto-estima.

Bissexuais casados

Homens cujas fantasias sexuais se dividem quase igualmente entre o mesmo sexo e o oposto são capazes de experienciar prazer e gratificação emocional tanto com homens quanto com mulheres. Eles costumam sentir atração por ambos os sexos, mas a minha experiência clínica e observação pessoal sugerem que com o propósito de aceitação social, a maioria dos homens bissexuais de nossa sociedade opta por casamentos convencionais.

Ao contrário dos homossexuais, os bissexuais geralmente estão satisfeitos com seus casamentos heterossexuais devido à gratificação emocional e sexual que são capazes de obter nele. Para que um bissexual, contudo, consiga viver uma vida exclusivamente heterossexual gratificante, ele precisa se sentir à vontade com suas fantasias e impulsos homossexuais e ter a capacidade de usar estas fantasias a serviço de sua atividade heterossexual. Se não puder aceitar os componentes homossexuais de sua orientação sexual, então, da mesma forma como um homossexual casado, ele geralmente se sentirá insatisfeito com seu casamento. Alguns que estão à vontade com os aspectos homossexuais de sua bissexualidade podem necessitar de experiências homossexuais para manter a estabilidade de seus casamentos.

Homens verdadeiramente bissexuais são raros. Contudo, como homens bissexuais se acomodam ao casamento com relativamente menos conflitos e angústias que um homossexual, e é bem provável que a maioria deles não procure ajuda, fica difícil saber quão prevalecente é o bissexualismo. A maioria dos homens que me procuraram e que se autodenominavam bissexuais fazia-o simplesmente por estar em conflito com o fato de ser homossexual. Trabalhei apenas com três homens nos últimos quinze anos a quem eu considerei realmente bissexuais. Um deles tinha uma relação antiga com uma mulher com quem tinha um filho, apesar de nunca terem casado.[10] Um outro continuou casado ao mesmo tempo em que tinha várias relações amorosas homossexuais. O terceiro foi Claude. Claude tinha trinta anos e era casado há cinco quando me procurou por estar infeliz com seu casamento. Ele tinha um histórico de atividade bissexual desde os dezesseis anos, quando teve um namorado e uma namorada. Ele se excitava com mulheres e se orgulhava de dar a elas orgasmos múltiplos, mantendo sua ereção por períodos prolongados.

Exceto por um relacionamento de dois anos de duração durante a adolescência, a atividade sexual de Claude com homens tendia a ser mais esporádica e anônima do que com mulheres. Ele costumava fazer sexo no banheiro da biblioteca da faculdade; ocasionalmente se interessava por alguém e o via mais de uma vez. Apesar de parecer se relacionar mais facilmente com mulheres do que com homens e de se apaixonar por mulheres mais prontamente do que por homens, ele se sentia igualmente atraído por ambos.

Claude era o filho mais velho de dois irmãos. Sua mãe aparentemente tinha dificuldade de cuidar dele quando criança por causa da depressão causada pela morte de seu irmão favorito. Ela teve um ou dois abortos involuntários antes do nascimento de sua irmã. Seu pai, afetuoso mas preocupado e um pouco distante, não podia lhe dar todo o amor e apoio de que ele necessitava.

Claude tinha ciúmes de sua irmã. Disseram-lhe que não deveria ter raiva dela e que nunca deveria bater nela, o que fez com que ele se sentisse culpado e obrigado a conter a raiva que sentia pela atenção que ela exigia. Aos sete ou oito anos, ele começou a vestir as roupas da mãe; havia decidido que se não podia ter raiva de sua irmã, seria como ela. Seus primeiros parceiros sexuais no colégio foram de fato as amigas de sua irmã, e um de seus namorados.

Eu atendi Claude três vezes por semana numa terapia analiticamente orientada durante quase dois anos; depois duas vezes por semana e então uma vez por semana por vários anos. Quando comecei a trabalhar com ele, seu primeiro casamento estava se deteriorando devido às freqüentes ausências de sua mulher e à sua falta de atenção e admiração. Ele se divorciou dela durante o segundo ano de terapia e logo depois conheceu uma mulher por quem se apaixonou.

Com o tempo ele foi deixando de se travestir, à medida que foi entendendo que se sentia emocionalmente carente de sua mãe, com ciúmes da atenção que os pais davam à sua irmã e que havia sentido raiva dela desde o seu nascimento. Seus impulsos e fantasias homossexuais contudo não diminuíram, embora, assim como o travestimento, eles o absorvessem mais quando se sentia carente. Sua fantasia homossexual passou a se relacionar menos com a idéia de ser mulher e mais com o homem que ele desejava.

Ele é afeiçoado à segunda esposa. Ela sabe da sua bissexualidade e não se sente ameaçada pela sua necessidade ocasional de ter relacionamentos íntimos com homens. O sucesso de seu casamento dependerá de sua contínua gratificação e satisfação com ele, de sua habilidade em satisfazer as necessidades de sua esposa e da constante capacidade dela de entender a sua necessidade de expressar seus sentimentos homossexuais. Dependerá também da capacidade de Claude de assumir a sua raiva quando ele se sentir fraco e enciumado e de expressá-la de maneira que não ameace nem humilhe sua mulher.

A tarefa do terapeuta

Qualquer terapeuta de homossexuais casados de meia-idade tem que ser compreensivo com os laços amorosos que o paciente normalmente tem com sua esposa e filhos e com a dor e dificuldades que ele poderá ter para sair deste casamento. A falta de empatia com este aspecto do dilema, bem como a incapacidade do terapeuta de endossar a necessidade do paciente de expressar a sua sexualidade numa ligação amorosa com outro homem, farão com que ele se sinta incompreendido e sem apoio em sua tentativa de resolver o conflito. O médico não deve esperar que a força do desejo homossexual seja por si só suficiente para atenuar significativamente a dor da perda que ocorre quando estes casamentos se deterioram. Ele tem que esclarecer e ajudar o paciente a fazer uma avaliação realista e razoável da importância, por um lado, da gratificação obtida com a respeitabilidade e a antiga relação com a esposa e filhos, e por outro, do desejo de se sentir mais autêntico ao expressar a sua sexualidade inerente e estabelecer uma identidade social e pessoal como gay.

Para o fortalecimento da auto-estima necessário à resolução deste conflito, o paciente primeiro tem que entender a natureza dos danos de caráter narcisista que consciente ou inconscientemente o motivaram a se casar a fim de ganhar a aprovação social e adquirir assim um sentimento de valor. Ele deve então, compreendendo e retrabalhando através da transferência as suas relações parentais, diminuir o ódio que sente de si mesmo e passar a depender menos da aprovação dos outros. À medida que se torna mais positivo, ele passa a aceitar mais a sua homossexualidade. Aqueles que querem ou precisam continuar casados, como o primeiro paciente, Peter, tornam-se então capazes de se sentir menos isolados porque têm maior acesso e maior aceitação do seu desejo sexual, apesar de poderem escolher não expressá-lo.

A compreensão e o reparo do dano causado à auto-estima é apenas a primeira etapa, embora crucial, para aqueles que desejam fazer na metade da vida a transição de um casamento para o que acreditam ser uma vida mais autêntica e apaixonada. Aqueles que se tornam capazes de fazê-lo com sucesso foram ajudados também pelo conhecimento de um terapeuta sobre as etapas de desenvolvimento necessárias para estabelecer uma identidade saudável como gay: ter experiências sexuais apaixonadas, assumir-se quando possível, fazer amizades com outros gays e sustentar relacionamentos sexuais íntimos e amorosos mútuos. Estas etapas de desenvolvimento são essenciais, não apenas para melhorar sua qualidade de vida, mas também para equipá-los a lidar melhor com as perdas, fragilidades, indignidades e danos que freqüentemente acompanham o fato de ser abertamente gay em nossa sociedade.

Casamentos heterossexuais podem funcionar para alguns, mas com o tempo eles costumam contribuir para a sensação de isolamento, solidão, falta de autenticidade e frustração do homossexual, como os casos apresentados ilustraram. Eu acredito que em termos gerais, qualquer homossexual poderá viver uma vida mais saudável e mais gratificante se puder expressar a sua orientação sexual num relacionamento sexual íntimo com outro homem no qual ele se sinta amado e amável.

Quer seja um gay descobrindo sua paixão homossexual adormecida e seu anseio pelo amor de outro homem ou um heterossexual redescobrindo o desejo heterossexual depois de anos de paixão arrefecida, a busca por uma renovação da paixão na meia-idade não é incomum. A consciência dos sinais físicos da idade, relacionamentos alterados entre pais e filhos, a morte dos pais, parentes ou amigos, e a diminuição da destreza física e sexual fazem com que nos lembremos das limitações do tempo e evocam ansiedade a respeito da morte e de morrer.[11] Homo e heterossexuais descrevem o ressurgimento de sua sexualidade na meia-idade como "reanimador".

Talvez haja um necessidade filogenética, determinada biologicamente, de um renascer na meia-idade, o que pode explicar parcialmente por que muitos homens e mulheres procuram uma nova trajetória de vida nesta época. "A vida a partir dos quarenta – a idade média adulta e em diante – tem sido uma parte significativa da experiência coletiva dos homens, mas apenas um momento na nossa história."[12]

5

O desenvolvimento de uma identidade gay positiva com HIV ou AIDS

A sede de eternidade é o que é chamado de amor entre os homens,
e quem quer que ame alguém deseja eternizar-se nele.

Miguel de Unamuno

"Trauma" é definido como um evento chocante ou amedrontador que provoca sintomas por exceder a capacidade da pessoa de arcar com a ansiedade que é evocada.[1] O termo "efeito traumático" é normalmente usado para se referir aos sintomas produzidos por tal evento ou aos efeitos inibidores ou retardadores do trauma sobre algum aspecto do desenvolvimento.

Ficar sabendo que se é HIV positivo ou que se tem AIDS, normalmente não produz o efeito traumático que se poderia esperar – grave depressão clínica.[2] Contudo, qualquer um que seja informado de que está infectado com um vírus potencialmente fatal e qualquer um cuja doença progrida subseqüentemente para a AIDS, provavelmente desenvolverá algum grau de ansiedade ou depressão durante alguns períodos por causa da tarefa esmagadora de ter que arcar com o medo da deterioração de sua saúde, os efeitos da doença nos relacionamentos e na sua capacidade de trabalhar e o medo da morte.[3]

Contudo, como escreveu o psicólogo Gordon Allport:

Algumas vezes acontece do núcleo organizacional da personalidade mudar de repente e aparentemente sem aviso. Algum ímpeto, provocado talvez por um luto, doença ou conversão religiosa, ou até por um professor ou um livro, pode conduzir a uma reorientação... uma recentralização traumática. O que antes lhe parecia frio, "externo", "alheio" pode vir a ser quente, e vital, "interno", "próprio".[4]

Ficar sabendo que se é HIV positivo, descobrir que alguém é HIV positivo, ou saber que alguém está com AIDS causa freqüentemente tal recentralização traumática da personalidade. O trauma pode provocar em alguns gays o ímpeto de se assumir. Mais importante, isto pode capacitar a estabelecer um relacionamento amoroso pela primeira vez.

Eu atendi cerca de vinte homossexuais infectados com HIV e tratei de nove deles em terapia. Dois faziam psicanálise quatro vezes por semana; os outros vinham apenas uma ou duas vezes por semana. Um deles morreu depois de apenas sete meses de tratamento; os outros trabalharam comigo por pelo menos dois anos. Dois dos meus nove pacientes procuraram ajuda antes de terem coragem de assumir para si mesmos que estavam infectados, apesar de seu comportamento e lembranças surgidas durante a terapia sugerirem que eles tinham uma percepção preconsciente do fato. Um deles veio se tratar depois de fazer o teste e ficar sabendo que era soropositivo; os outros procuraram ajuda depois de apresentar sinais ou sintomas de AIDS. A idade deles variava entre vinte e cinco e quarenta anos.

Arnold

Arnold era o mais velho de quatro irmãos criados num lar católico. Os pais, em especial a mãe, ele acreditava, estavam mais preocupados com seu "bom comportamento" do que com suas necessidades ou sentimentos. Ele achava que eles preferiam suas duas irmãs mais velhas, que eram menos rebeldes e "menos sexuais".

As primeiras experiências sexuais de Arnold ocorreram aos cinco anos de idade, com uma criança vizinha de sete ou oito anos. A mãe de Arnold descobriu estes flertes, repreendeu-o e o fez conversar com o padre da paróquia. Quando adolescente ele experimentou sorrateiramente relações com garotos e garotas, mas a sua experiência mais duradoura foi no colégio com seu professor de matemática, com quem ele se masturbava regularmente. Ele se sentia "usado" por este homem mais velho, mas também se sentia atraído por ele e lhe tinha uma considerável afeição.

Durante a faculdade, Arnold fez sexo ocasionalmente com dois de seus colegas de classe, sempre se sentindo deprimido e culpado depois. Na faculdade de medicina ele continuou se sentindo pouco à vontade com a idéia de ser homossexual a ponto de não conseguir estabelecer relações sociais com outros gays; portanto ia freqüentemente às saunas, onde podia ter encontros sexuais anônimos. Ele ia não só quando estava "com tesão" ou sozinho, mas também quando precisava ser confortado com atenção e pacificado pelo sexo depois de se sentir magoado por algum desrespeito pessoal ou social. Ele ficava inevitavelmente furioso com seus parceiros sexuais por admirarem e depois "usarem" o seu corpo ou por se preocuparem com o próprio prazer e negligenciarem as suas necessidades de afeto. Ele se sentia sujo, imoral, nojento, culpado e deprimido quando tudo terminava.

Arnold se mudou para Nova York em 1982, para começar a sua residência, tendo iniciado a análise comigo em maio de 1985, quando estava com vinte e nove anos. Ele tinha se tratado por algum tempo com um outro terapeuta que, segundo ele, estava mais preocupado em ajudá-lo a entender por que ele era homossexual do que com os problemas que ele estava tendo com seu novo relacionamento e com o seu programa de residência, que ele considerava homofóbico.

Duas semanas depois de começar a análise, Arnold se assumiu para dois amigos, um gay e o outro não. Depois contou à sua irmã mais velha que era homossexual. Ele afirmava que era a segurança que havia adquirido ao falar comigo que o tinha ajudado a se assumir. Eu estava perplexo por isto estar acontecendo tão rápido, logo depois do início do tratamento, e não entendia na época que o motivo de falar às pessoas sobre sua orientação sexual era um medo preconsciente de já estar infectado com o vírus HIV.

Ele disse que sua irmã teve medo que ele pudesse ter AIDS e relutou em deixá-lo pegar a sobrinha. Ele se sentiu ultrajado com sua rejeição, acreditando que ela estava expressando o seu preconceito a respeito de sua homossexualidade, convicção esta que eu na época considerei correta. Foi somente algumas semanas depois que eu compreendi que ou ele tinha expressado a ela alguma preocupação de já estar infectado ou ela havia notado alguma mudança na sua aparência física.

Arnold não tinha me contado que vinha se sentindo mais cansado que o normal há meses. Ele não estava retendo esta informação, parecia simplesmente não ter se dado conta. Foi apenas depois de três meses de análise que ele mencionou, de maneira informal, que estava tendo calafrios e suores noturnos há algumas semanas. Ele achava que estes sintomas se deviam à ansiedade causada por sonhos assustadores. Foi aí então que pela primeira vez ele pensou na possibilidade de ter AIDS e ficou aterrorizado.

Eu também fiquei com medo. Eu me preocupava silenciosamente com a possibilidade dele ter mencionado estes sintomas antes, e eu, na necessidade de negar que ele estava doente não ter ouvido. Cheguei até a pensar, por algum tempo, se as suas preocupações a respeito da AIDS não podiam ser uma manifestação de seu sentimento de culpa mal resolvido por ser homossexual. Todos estes pensamentos cruzaram minha mente durante o minuto que precisei para entender que aquele jovem bonito e inteligente, que estava apenas começando a sua carreira e o seu primeiro relacionamento, ia morrer.

Também compreendi que ao me contar sobre a reação de sua irmã ele estava tentando me fazer saber que tinha medo de estar infectado e que havia sido a percepção de ser HIV positivo, e não a psicanálise, que permitira que ele, depois de tantos anos de silêncio, começasse a se assumir.

Arnold consultou um especialista em AIDS, que detectou poucas células T e diagnosticou seu estado como "pré-AIDS". Ele chorou ao me falar de quanto cuidado precisaria, e como tinha medo de que seus amigos e seu namorado não quisessem tratar dele. Ele estava convencido de que eu não teria querido atendê-lo se soubesse que ele estava doente. Estava com medo da rejeição de seus pais e preocupado com os danos que poderiam ocorrer à sua carreira quando os professores e colegas descobrissem. Ele tinha pena de não poder viver para se beneficiar da compreensão que estava adquirindo a respeito de si mesmo, da recente aceitação de sua homossexualidade e da felicidade que ele estava apenas começando a vivenciar numa relação que o fazia "sentir-se vivo".

Quando ele voltou para a análise em setembro, depois de minhas três semanas de férias, eu percebi que Arnold havia perdido bastante peso, parecia pálido, com olheiras e exausto. Ele andava dormindo muito mal e estava aliviado por voltar a me ver, pois acreditava que assim poderia aumentar o seu bem-estar emocional, o que por sua vez ajudaria o seu enfraquecido sistema imunológico. Em uma consulta, logo depois de sua volta, ele falou de seu otimismo:

> Acho que há uma boa chance de tudo ficar bem, apesar de outra parte de mim sentir que eu poderia ficar doente e morrer. Me amedronta o fato de saber que podem haver mecanismos que me façam querer ficar doente e morrer. Estou feliz por estar fazendo análise.... Talvez eu aprenda aqui a não me depreciar tanto. Eu realmente acredito que esta é uma daquelas doenças em que os fatores psicológicos fazem diferença. As coisas variam tanto... Um de meus amigos tem linfoadenopatia. Ele tem isso há dois anos e nada mais. Eu terei que viver com esta incerteza por anos.

A saúde de Arnold, contudo, continuou a se deteriorar, mas apesar de suas febres o deixarem mais debilitado, ele não aceitou ingressar num programa experimental de um fortificante imunológico que o médico queria que ele tomasse. Ele temia que o medicamento prejudicasse a sua saúde ainda mais rápido, deixando-o doente demais para poder ser tratado em casa e ter que ser hospitalizado. Ele tinha medo de ser hospitalizado no lugar onde fazia a sua residência, pois assim, seus professores e supervisores descobririam que ele era homossexual. Ficou aliviado por saber que seu médico tinha privilégios em outro hospital-escola e arranjou tudo para ser tratado lá, caso fosse preciso.

No início de novembro ele faltou a uma consulta por causa de uma "gripe". Enquanto eu estava fora no fim-de-semana, seu namorado deixou um recado dizendo que ele tinha sido hospitalizado.

Quando voltei para casa, encontrei um outro recado: ele havia morrido. Tinha desenvolvido sintomas respiratórios agudos de pneumonia. Seu médico quis fazer uma traqueostomia e colocá-lo num respirador para auxiliar a sua difícil respiração, mas Arnold não lhe deu permissão para tal. Ele morreu algumas horas depois.

No hospital, Arnold confidenciara ao seu namorado que estava com medo de vir a ter infecções recorrentes e desenvolver doenças que o debilitassem: ele não queria sofrer, não queria ser um estorvo para os outros, não queria lidar com o estigma relacionado à AIDS e ao fato de ser gay.

Arnold usou a sua análise para fazer mudanças significativas em sua vida em muito pouco tempo. Ele iniciou o tratamento assumindo sua homossexualidade de maneira ambivalente, para poucas pessoas, sendo que nenhuma delas era da família. Assumir-se para dois colegas ajudou-o a se sentir mais positivo em relação ao fato de ser gay. Apesar de a experiência de se assumir para a irmã tê-lo magoado e exasperado, ele havia se sentido mais forte por ter sido capaz de fazê-lo.

Arnold conheceu seu namorado, Tom, menos de um ano antes de começar o tratamento comigo, e o seu principal objetivo ao iniciar o tratamento era lidar com os problemas que estava tendo em seu relacionamento e com a dificuldade de sentir que Tom o amava. Ele sabia que a ansiedade com a intimidade já o havia impedido anteriormente de estabelecer relações amorosas. Ele tinha medo que a sua ansiedade continuasse a interferir na sua capacidade de amar.

Em poucos meses de análise, num tempo surpreendentemente curto, ele havia compreendido muita coisa a respeito da ligação dessa ansiedade com o medo da crítica de sua mãe e com a raiva que sentia dela e de seu pai por causa de sua aparente indiferença em relação a ele, de modo que seu relacionamento com Tom começou a melhorar significativamente.

Há com freqüência uma "lua de mel" no início de qualquer terapia ou análise, quando os pacientes, abertos às interferências de seus terapeutas, aceitam as interpretações sem muita resistência ou defesa. Eles querem agradar o terapeuta e serem amados. A ausência de resistência de Arnold, porém, estendeu-se para além das primeiras semanas de nosso trabalho; isso não podia ser explicado apenas pela segurança que sentia comigo, por seu desejo de que eu gostasse dele, ou até mesmo por sua característica tendência à passividade e submissão. Fazendo uma retrospectiva, a sua capacidade de fazer um trabalho psicoterapêutico e promover mudanças em sua vida foi fortalecida ou até mesmo causada pela preconsciência de ser HIV positivo, o que fez com que ele se concentrasse mais, fosse menos resistente e mais capaz de assimilar os meus comentários e observações do que alguém HIV negativo. O fato de eu ter me dado conta de que nosso trabalho em conjunto teria um tempo limitado também fez, sem dúvida nenhuma, com que eu me concentrasse e me envolvesse mais.[5]

Não importa quão importantes tenham sido as derradeiras tentativas bem-sucedidas de Arnold em entender seus antigos medos de intimidade e de alterar seus sentimentos negativos a respeito de sua homossexualidade e sua percepção de si mesmo como gay – elas foram usadas para negar que ele era HIV positivo, que estava ficando sintomático e que poderia morrer. Sua concentração na análise dos conflitos nos relacionamentos íntimos e no seu relacionamento com os pais paradoxalmente reforçavam a sua negação, ajudando-o a acreditar que viveria uma vida, não só longa, mas também mais satisfatória. No início do tratamento, ele parecia ter uma espécie de esperança irracional *f* compartilhada por vários pacientes com doenças fatais *f* de ser neurótico, e não de estar fisicamente doente, e de que podia ser curado. Talvez ele também tivesse o pensamento mágico de que se começasse uma análise, um tipo de terapia que leva muito tempo, teria uma vida longa.

Eu estava tratando deste homem há apenas sete meses quando ele morreu. Ele foi o meu segundo paciente a desenvolver AIDS e o primeiro a morrer. Eu me senti completamente impotente. Apesar de ter sofrido com a morte de cada um de meus pacientes, nenhuma delas me angustiou tanto quanto a de Arnold, pois eu o achava um homem particularmente interessante. Ele tinha um estilo auto-excludente e autodestrutivo e autodepreciativo que me tocava, mas que também era sintomático de seu caráter masoquista. Embora o preconceito social tenha contribuído para o ódio que ele sentia por ser homossexual, a incapacidade da sociedade em permitir o amor entre pessoas do mesmo sexo tinha tornado mais confortável para ele procurar parceiros sexuais anônimos em vez de relacionamentos estáveis, a sua necessidade de limitar a gratificação e o prazer também o impediram de amar e se sentir amado.

Não tivemos tempo suficiente para compreender muita coisa a respeito dos danos causados à sua auto-estima e que geraram estes traços de caráter masoquista; porém a minha impressão foi a de que, tendo se sentido rejeitado pelos pais, constantemente repreendido pela mãe crítica e negligenciado pelo pai indiferente, ele se tornou excessivamente autocrítico e às vezes até autodestrutivo, como uma forma de controlar a raiva e o medo de ser desapontado por eles e pelos outros. Agora que ele estava doente, nada de pior podia acontecer e ele não precisava mais procurar a dor ou limitar o seu prazer. Agora ele podia sentir o contentamento e a gratificação que ele nunca tinha se permitido sentir antes.[6]

David

David me procurou em 1980 porque estava deprimido, sentia-se isolado e achava que nunca seria capaz de estabelecer um relacionamento íntimo. Ele me disse que sempre tinha sido depressivo. Sua mãe nunca havia expressado calor ou afeto. Ela o amava, ele disse, simplesmente porque ele era talentoso e esperto. Seu pai era muito mais afetuoso do que ela, mas preferia o seu irmão mais novo, que era mais masculino, atlético e sociável. David estava cheio de raiva, o que, como no caso de Arnold, fora reprimida e dirigida contra ele mesmo. Como conseqüência, ele também se colocou em situações de perigo, especialmente ao procurar sexo.

Desde quando começou a fazer sexo, no terceiro ano da faculdade, ele preferiu os prostitutos. Alguns abusaram emocionalmente dele. Em uma ou duas ocasiões, na faculdade de medicina, seu apartamento foi roubado e ele foi ameaçado fisicamente; numa delas, seu carro também foi roubado. Apesar de sua generosidade financeira, estes jovens interesseiros inevitavelmente o abandonariam, enfurecidos pela manipulação por parte de David ou por se sentirem cada vez menos à vontade por dependerem dele. Estes relacionamentos pareciam repetir a experiência dos maus tratos por parte da mãe e do amor inatingível do pai.

David odiava ser homossexual. Ele considerava-se um doente e constantemente relembrava-me que era "perverso". Ele pediu-me para ajudá-lo a ter relações heterossexuais de modo que pudesse dar aos pais os netos desejados. Queria ser heterossexual para que seu pai o amasse tanto quanto a seu irmão mais novo.

David odiava seu corpo. Ele achava que seus quadris, coxas e nádegas pareciam "mais de mulher do que de homem". Seu desejo persistente de ser dominado e penetrado analmente também fazia com que ele se sentisse feminino e o revoltava, lembrando-o de como se parecia com a mãe. Ele evitava associar-se a outros gays efeminados, porque achava que eles chamavam a atenção para a sua própria feminilidade.

Eu estava tratando de David há mais ou menos um ano, quando em junho de 1981, o Centro de Controle de Doenças relatou que cinco gays, anteriormente saudáveis, haviam desenvolvido pneumonia. Em julho, eles relataram que o sarcoma de Kaposi tinha sido detectado em vinte e seis gays nos últimos trinta meses. Um ano depois o Centro de Controle de Doenças levantou a hipótese de esta doença ser sexualmente transmissível.[7]

Eu informei David explicitamente a respeito dos perigos potenciais de seu comportamento sexual indiscriminado, contando a ele o pouco que eu sabia sobre a natureza daquilo que então era chamado de GRID (*Gay-Related Immune Deficiency*, deficiência imunológica relacionada a gays), os possíveis modos de transmissão e os cuidados que ele deveria tomar para não adquirir a doença. David estava no seu último ano da faculdade de medicina, mas negava ter qualquer conhecimento desta doença, questionando inclusive se ela existia realmente e levantando a hipótese de minha preocupação ser a expressão de minha homofobia.

Ele continuou a questionar a validade da minha informação e os motivos pelos quais eu falava com ele a respeito disto. Além de pensar que eu era homofóbico, ele achava que eu tinha inveja de sua perícia sexual. Ele me aconselhou a ser mais "analítico" e objetivo e me preocupar menos com a sua saúde. Minha preocupação evocava nele um desejo de ser cuidado, o que o amedrontava e enfurecia – ele sentia como se eu fosse igual à sua mãe e não conseguisse reconhecer que suas necessidades eram diferentes das minhas. Ele também temia que sua raiva me destruísse ou me afastasse dele caso ele se sentisse próximo de mim. Como pudemos compreender mais tarde, qualquer sentimento de afeto evocava nele pensamentos eróticos que o amedrontavam.

David desprezava a minha autoridade porque acreditava que eu era gay, mas como muitos outros jovens psiquiatras e psicólogos em treinamento na época, ele nunca me perguntou a respeito de minha orientação sexual, racionalizando e classificando sua curiosidade como imprópria. Eu, então ainda casado, estava aliviado por ele não perguntar. Minha cumplicidade, no início de sua análise, com a relutância de David em fazer perguntas pessoais a respeito de minha homossexualidade, nos impediu de compreender mais cedo a sua ansiedade com relação a seus sentimentos sexuais por mim e de aprofundar a nossa compreensão de sua homofobia.

No outono de 1985, David me disse que estava tendo diarréia e suores noturnos e que havia notado nódulos linfáticos inchados. Ele achou que estava gripado, se automedicou com Tylenol e se recusou a ver um médico.

Arnold morreu poucas semanas depois de David mencionar seus sintomas pela primeira vez; vários outros pacientes haviam então me consultado, ansiosos com a possibilidade de ter ou contrair AIDS. Um amigo e vários conhecidos meus estavam doentes, e é claro, eu também achava possível que eu estivesse infectado. Minha tentativa de aconselhar David foi a única maneira que tive de tentar exercer algum controle sobre os efeitos que esta doença estava tendo sobre a minha própria vida.

Eu sugeri que ele fosse consultar um dos cada vez mais numerosos médicos que trabalhavam com pacientes aidéticos. Ele se recusou, deixando-me frustrado e irritado, reações que ele tentava provocar para sentir que eu o notava, me importava com ele e não o estava negligenciando. Minha irritação também permitiu que ele mantivesse uma espécie de limite entre nós, coisa que ele não tinha sido capaz de fazer com sua mãe.

A esta altura, já há cinco anos em análise, David aceitava mais a sua homossexualidade do que no início do tratamento. Ele compreendeu que sua repulsa devia-se ao fato de achar que ser homossexual e desejar se aproximar do pai eqüivalia a igualar-se à mãe. Ele agora também compreendia melhor a maneira como havia interiorizado o ódio da sociedade aos homossexuais. O progresso que ele fez ao lidar com sua própria homofobia ajudou-o, como a Arnold, a expressar a sua sexualidade de uma maneira menos autodestrutiva e mais gratificante. Sua nova compreensão e recentes bons sentimentos o ajudaram a se sentir mais esperançoso quanto ao futuro.

Três meses depois de ter me falado pela primeira vez a respeito de seus suores noturnos e dos nódulos linfáticos inchados, David mencionou ter conhecido um recém-formado num bar perto de seu apartamento. Eles se viram com freqüência nas semanas seguintes e logo David se apaixonou. Eles eram afetuosos e se preocupavam um com o outro, e sua relação cresceu com uma rapidez surpreendente. Depois de alguns meses, eles arriscaram abrir um negócio juntos. No ano seguinte, Andrew se mudou para o apartamento de David. Eles permaneceram juntos durante a doença de David até a sua morte. Desde quando o conheceu, David nunca mais fez sexo com um prostituto, nem sentia muita inclinação para isso.

Uns seis meses depois de conhecer Andrew, David finalmente consultou um médico. Na segunda consulta foi-lhe dito que o índice de suas células T estava muito baixo. No dia seguinte ele me disse o quanto estava apavorado e que estava preocupado com o tempo que lhe restava de vida. Ele falou sobre Andrew: "Ele nunca esteve tão bonito quanto ontem. Eu me sinto mais vivo com ele do que jamais me senti antes. Não há palavras que possam descrever o que ele significa para mim. Ele é uma fonte constante de apoio. Espero viver o bastante para poder desfrutar de sua companhia."

Ele disse que esta relação tinha feito com que ele se sentisse estável e centrado, que não ansiava mais pelo conforto físico de estranhos. Reconheceu também que estava muito mais receptivo ao amor do que jamais havia estado.

Jay

O caso de Jay ilustra mais uma vez como ter AIDS pode capacitar alguém a amar.

Ele tinha trinta e cinco anos quando veio procurar ajuda depois de sua primeira crise de pneumonia. Dois meses antes de ficar doente, Jay percebera nódulos linfáticos inchados e uma febre baixa e periódica, mas prestara pouca atenção a estes sinais de infecção. Agora, desde sua hospitalização, ele estava amedrontado e deprimido e tinha começado a ter pensamentos obsessivos.

Ele havia conhecido o seu namorado depois de se infectar, e, como no caso de Arnold e David, esta era a sua primeira relação significativa. Jay, contudo, sentia-se mais à vontade com a sua homossexualidade do que eles. Ele tinha se assumido para os pais e para o irmão há dez anos enquanto que Arnold não havia se assumido para suas irmãs nem David para a sua família até começarem a desenvolver os sintomas da doença.

Jay me contou que aos sete ou oito anos de idade ele já sabia que se sentia atraído por meninos e que com o início da puberdade havia tomado consciência do seu desejo de ser penetrado analmente. Ele desejava homens mais velhos que fossem mais fortes que ele e que pudessem dominá-lo. Ele se exercitava diariamente, não apenas para ficar atraente para outros homens, mas para tonificar os músculos e se sentir menos "feminino".

Durante dois anos de terapia, Jay falou sobre as primeiras experiências de sua infância que ele considerava perturbadoras. Ele se sentia particularmente angustiado a respeito do relacionamento com o pai, que segundo ele, competia com ele e tentava humilhá-lo e diminuí-lo a cada oportunidade. Jay reconheceu que estas humilhações foram por vezes sexualmente estimulantes e que ser dominado sexualmente evocava estes mesmos sentimentos excitantes.

Como Arnold e David, ele sentia repulsa por suas fantasias de ser penetrado analmente e os sentimentos femininos que elas despertavam. Foi difícil para ele, e para mim também, compreender o quanto sua sensação de estar contaminado devia-se realmente ao fato de ter AIDS e o quanto se devia à repugnância que ele sentia por um antigo desejo por sexo anal que o fazia sentir-se "feminino".

Jay teve relacionamentos casuais na maior parte de sua vida adulta. Como os namoros com perspectiva de futuro faziam com que ele revivesse os sentimentos que seu pai lhe provocava – sensação de abuso, excitação, humilhação e fúria – ele fazia com que se afastassem. Ele se sentia muito mais à vontade em relacionamentos de apenas uma noite ou poucas semanas que não evocavam estes sentimentos complexos.

Jay conheceu o seu namorado nove meses antes de notar os nódulos linfáticos inchados. Eles se sentiram imediatamente atraídos um pelo outro e descobriram que tinham vários interesses em comum. Depois de um breve namoro, Jay, que sempre tinha morado sozinho, decidiu que deveriam dividir um apartamento. Esta foi a primeira vez que ele se apaixonou. Sua ansiedade e raiva não inibiam mais a sua capacidade de estabelecer uma relação. Ele agora se sentia capaz de amar e de ser amado.

Depois de falar comigo por várias consultas sobre seu temor de que a AIDS pudesse afetar o seu futuro e sobre a diminuição de sua ansiedade, ele passou a maior parte de seu tempo comigo, até ficar muito doente, falando sobre o seu relacionamento e sobre como ele estava preocupado com a proximidade de Joshua. Ele sabia o quanto tinha sido difícil para ele até então aproximar-se de outros homens por períodos mais longos, e ele temia que esta conhecida ansiedade pudesse fazer com que ele também afastasse Joshua. As solicitações de afeto e sexo de Joshua estavam fazendo com que Jay se retraísse, e as violentas discussões que costumavam se seguir a estas negativas faziam com que ele se sentisse deprimido e não passível de ser amado.

Como David e Arnold, Jay enfrentou seus conflitos psicológicos com surpreendente facilidade e rapidez, assimilando "insights" sem tanta resistência quanto a maioria dos pacientes HIV negativos. Nos pouco menos de três anos em que trabalhamos juntos, ele pôde compreender como o fato de se sentir próximo e dependente de Joshua evocava o medo de ser humilhado e ao mesmo tempo sentimentos eróticos em relação ao pai. Ele foi capaz de manter uma relação de amor e carinho com Joshua até a sua morte.

Por volta de seis meses antes de morrer, uma semana depois de saber que tinha um tumor impossível de ser operado, Jay teve o seguinte sonho: "Estou entrando com Joshua no túnel Lincoln. Começa a vazar água e eu entro em pânico. Ele me conduz para o outro lado." Suas associações diziam respeito principalmente ao medo de perder o controle de sua bexiga e intestino, o que o aterrorizava, uma vez que ele costumava confiar na sua capacidade de controlar a si mesmo e aos outros. Mas outras associações se seguiram. "Eu não estou mais sozinho, agora que Joshua está comigo. Eu não preciso mais de sexo para me sentir vivo. O simples fato de estar perto dele faz com que eu me sinta aquecido. Ele faz com que eu queira viver."

David, mesmo depois de saber que o seu índice de células T estava perigosamente baixo, disse que seu namorado o fazia sentir-se "mais vivo do que jamais me senti antes." Arnold, com medo de que não pudesse viver para se beneficiar da nova compreensão de si mesmo, também havia exclamado que sua relação o fazia sentir-se "vivo".

Como é possível compreender que cada um destes pacientes conheceu seu namorado pouco depois de estar infectado e em torno de dois anos antes de morrer, e que esta tenha sido a primeira relação sustentada e de amor mútuo em suas vidas? Uma explicação, apesar de não ser a única, é a de que eles já haviam limitado o prazer e a gratificação em suas vidas para controlar a possível dor que pudesse advir de futuros desapontamentos. Por estarem infectados, estes homens foram capazes de permitir a si mesmos a gratificação de um amor há muito desejado mas até então inatingível.

Nenhum paciente ilustra com mais clareza o modo como o HIV pode liberar alguém para procurar uma vida mais gratificante do que Hugh. Ele tinha trinta e nove anos quando comecei a tratá-lo, em 1993. Por causa da queda do número de células T, ele estava planejando se aposentar de uma bem-sucedida carreira acadêmica. Ele não apresentava sintomas, mas queria liberdade para viajar enquanto sua saúde ainda estava boa.

Hugh começou a furtar no colégio, numa tentativa de compensar a carência que sentia devido à mesquinhez, severidade e implacável ambição de sua mãe. Durante os anos subseqüentes, estes furtos se tornaram habituais e cada vez mais óbvios, a ponto dele ter sido pego em várias ocasiões. Por duas vezes ele teve que contratar um advogado, que evitou que ele fosse preso e expulso da escola.

Em 1983, durante o seu segundo ano de faculdade ele teve duas fortes crises de "gripe". Hoje ele acredita que já sabia naquela época que estava infectado, apesar de não ter feito nenhum teste durante muitos anos. Depois da doença ele não teve mais impulsos de roubar. Deixou de sentir raiva da agressividade da mãe e da indiferença do pai. Não parecia mais sentir a necessidade de punir-se. Quando comecei a tratar dele, Hugh estava no quinto ano de sua primeira relação estável. Ele tinha conhecido o seu namorado um ano depois de fazer o teste.

As inclinações e impulsos masoquistas de alguns homossexuais costumam derivar de danos causados à sua auto-estima primeiro por um desinteresse ou rejeição parental, e mais tarde pela rejeição dos amigos e o ódio da sociedade. Eles procuram a dor e limitam severamente o seu prazer e gratificação num esforço de controlar a raiva que sentem pelas rejeições passadas e prováveis decepções futuras.

A vulnerabilidade a tais rejeições é maior, como vimos nos casos de David, Arnold e Hugh, quando houve uma relação empobrecida e restritiva com a mãe baseada na exploração. Eles tentam então fervorosamente estabelecer com o pai uma relação calorosa, serena e amorosa que a mãe não pode oferecer. Mas qualquer homossexual, atraído pelo pai como é, se tiver se sentido rejeitado por ele, terá limitada a sua capacidade de aceitar o amor em suas futuras relações, às vezes até procurando nelas a dor. A rejeição da mãe faz com que a repulsa, distância ou indiferença do pai torne-se ainda mais dolorosa, embora a rejeição paterna seja mais comum. Esta porém não é uma explicação suficiente para o dano causado à autoestima de um gay e para as inclinações masoquistas subseqüentes.

A gratificação dos impulsos masoquistas com a perspectiva da morte não explica por si só por que gays com HIV se permitem viver uma paixão e manter um relacionamento muitas vezes pela primeira vez na vida. Homens e mulheres infectados de todos os grupos de risco parecem encontrar meios de confiar em seu futuro, e apaixonar-se é uma importante maneira de fazer isso.[8] A esperança ajuda a desviar a devastadora ansiedade, depressão e impulsos suicidas que se esperaria fossem manifestados, mas que surpreendentemente estão ausentes na maioria dos pacientes com AIDS.[9]

Os gays em geral toleram melhor a angústia do que os heterossexuais, creio eu, por terem que lidar durante toda a sua vida com o fato de se sentirem alienados da sociedade predominantemente heterossexual e terem que encontrar meios de enfrentar o ódio e a rejeição. Superar a antiga ansiedade ou o medo de relacionamentos íntimos, por causa de uma provável necessidade de ser cuidado no futuro também se ajusta às angústias e demandas impostas por sua doença.

Acompanhar o processo normal de envelhecimento é conscientizar-se cada vez mais do tempo limitado que se tem para alcançar objetivos profissionais e satisfazer ou harmonizar as necessidades internas com as expectativas e exigências sociais externas. O que é preciso fazer para alcançar a felicidade e a tranqüilidade deve ser feito agora se tiver que ser feito. A maioria dos gays com HIV ou AIDS tem a mesma perspectiva de tempo daqueles que estão no final da meia-idade ou velhice. Por se confrontarem com a mortalidade, adquirem uma percepção mais clara de suas necessidades e desejos, que antes da doença pareciam inatingíveis, ou evocavam tanta ansiedade a ponto de serem reprimidos e ignorados.[10]

O HIV pode também fazer com que seja possível enfrentar e superar a ansiedade provocada pela intimidade, propiciando uma reordenação de prioridades. Como escreveram Yallom e Greaves: "Quando o foco de alguém se desvia dos prazeres triviais da vida, uma apreciação mais plena dos fatores elementares da existência pode emergir."[11]

Tornar-se capaz de se apaixonar ou estabelecer um relacionamento amoroso com HIV ou AIDS, contudo, deve-se, mais do que à gratificação das necessidades masoquistas, à reforçada capacidade de se adaptar à angústia, à negação, e até à coragem frente à morte. Ser amado e amar faz com que os infectados tenham esperança de que não vão morrer para que possam viver para sempre neste estado de felicidade e contentamento. Nenhum de nós quer morrer. Nestes tempos de AIDS, como sempre foi e sempre será, amar e se sentir amado são os meios que a humanidade tem de satisfazer seus desejos de eternidade e imortalidade.

6
Tornar-se gay quando mais velho

*Um homem livre não pensa em nada
além da morte, e sua sabedoria não é uma meditação
a respeito da morte mas a respeito da vida.*

Spinoza

Envelhecer na América é muito desagradável. Não só pelas doenças e enfermidades, mas pelo excessivo valor que se dá à juventude e à beleza. Ao contrário do que ocorre nas culturas do Oriente, que costumam reverenciar os mais velhos e os vêem como possuidores de uma beleza única, nossa sociedade enxerga o fato de envelhecer como algo detestável e os mais velhos como repulsivos. Aqui eles são subestimados, ignorados e desvalorizados. "Os homossexuais idosos estão fadados a viver na solidão." Esta afirmativa, proclamada tão freqüentemente por aqueles que tentam desencorajar os jovens homossexuais a seguirem a sua orientação sexual, deixa implícita a idéia de que os idosos heterossexuais são mais felizes do que os idosos homossexuais. Seis, porém, dos oito idosos homossexuais que eu atendi em psicoterapia, foram capazes de estabelecer relacionamentos estáveis de amor mútuo e descobrir um contentamento maior do que em qualquer outra época de suas vidas. Estou definindo como "idoso" alguém de sessenta e cinco anos ou mais, uma convenção que, é claro, não distingue a idade cronológica daquela caracterizada por indicadores mais válidos, como as mudanças metabólicas e fisiológicas.

Adam tinha sessenta e poucos anos quando começou o tratamento por causa de solidão e depressão. Ele queria encontrar um namorado para os anos de vida que lhe restavam, mas era enrustido e não conseguia enxergar uma maneira de tornar isto possível. Advogado altamente competente e respeitado, ele tinha crescido numa pequena cidade do sul, filho único de um médico bem-sucedido e de uma mãe de impressionante beleza e charme. Como a maioria dos homossexuais, ele se sentiu diferente quando criança: apreciava muito a natureza e as artes, era mais sensível e emotivo que outros garotos, não se interessava por esportes rudes e preferia a companhia de meninas à de meninos.

Depois da morte do pai, quando tinha dez anos, Adam se dedicou a agradar sua mãe. Ele estudava muito, tinha sucesso acadêmico, e trabalhava depois da escola para ganhar um dinheiro extra.

Aos dez ou onze anos ele já tinha consciência da atração que sentia pelos rapazes de sua classe. Na adolescência, quando seu discurso efusivo e gestos dramáticos eram vistos como femininos, ele era conhecido na escola como a "fadinha" e perseguido pelos rapazes heterossexuais em busca de sexo oral. Ele me contou estes episódios de forma bem humorada, negando qualquer desconforto pelo escárnio sofrido por causa de suas maneiras femininas, apesar de seu tom perturbado me indicar que ele tinha se sentido profundamente humilhado.

A cultura da América rural no início dos anos quarenta era ainda mais repressora e implacável que a de hoje em dia. Adam teve pouca chance de galgar os estágios de desenvolvimento que poderiam tê-lo ajudado a ser mais positivo em relação à sua orientação sexual. Ele não tinha nenhum amigo gay quando jovem.

Adam acreditava que tentando ser heterossexual conseguiria agradar sua amada mãe e conquistar finalmente o respeito de seu pai, já falecido, este homem que sempre parecera preocupado demais para se importar com ele. Apesar de ter reconhecido que era homossexual logo no início da adolescência, a sua baixa auto-estima, o medo de perder o amor de seus pais e a vergonha social que ele havia passado quando adolescente e jovem adulto, fizeram com que Adam acreditasse que era "perverso" e levaram-no a procurar ajuda profissional em duas ocasiões, uma aos vinte e tantos e outra aos quarenta, para "ser curado".

Adam se casou pela primeira vez ao final de sua primeira terapia. Ele gostava do companheirismo estabelecido com sua mulher, e por um tempo, teve prazer também no relacionamento sexual, mas continuava a ter experiências homossexuais ocasionais que conseguia esconder dela. O casamento foi se deteriorando ao longo de quinze anos, e terminou num amargo divórcio. No final dos anos 60, ele se casou novamente, procurando uma companhia feminina que, a exemplo de sua primeira mulher, o lembrasse de sua adorada e agora já falecida mãe. Este casamento durou apenas alguns anos e lhe rendeu menos prazer e gratificação do que os primeiros anos de seu casamento anterior, pois sua segunda mulher o atormentava, reclamando de vários hábitos seus que ela achava irritantes. Ele, contudo, continuava a manter seus casos homossexuais fortuitos em segredo. Depois de se divorciar novamente na metade dos anos 70, sua atividade sexual continuou restrita a encontros homossexuais breves, predominantemente anônimos e normalmente insatisfatórios. Quando veio procurar a minha ajuda, Adam estava com sessenta e cinco anos, morando em Nova York e com muito pouco apoio social. Ele tirava algum prazer de encontros sexuais ocasionais, mas tinha medo de nunca conhecer alguém com quem pudesse estabelecer uma relação. Era bem-sucedido profissionalmente, mas muito solitário.

Ao final de seu primeiro ano de terapia, Adam havia adquirido uma razoável compreensão sobre sua relação com seus pais e de como a sua atitude e a de seus amigos a respeito de suas maneiras femininas e de sua homossexualidade contribuíram para formar a visão negativa que ele tinha de si mesmo e de sua orientação sexual. Eu incentivei os seus esforços no sentido de conhecer outros gays com quem pudesse fazer amizade e manter relações sexuais, embora ele achasse estes contatos muito dolorosos. Ele também se assumiu cautelosamente para alguns colegas de trabalho, tanto heterossexuais quanto gays, e ficou surpreso com a acolhida calorosa que recebeu.

Durante o segundo ano de tratamento, Adam percebeu a atenção de um jovem rapaz no escritório que o tratava de maneira bastante especial e que o vinha admirando muito evidentemente. Eles começaram a namorar e ele gostava de tudo o que faziam juntos, inclusive do sexo. Seis meses depois, apesar de preocupado com a sua privacidade que lhe era tão cara, Adam convidou o seu "amigo" para morar com ele.

Por achar que já havia conquistado o que queria com o tratamento, Adam parou a terapia quatro ou cinco meses depois de seu namorado ter se mudado para a sua casa. Eu os vi dois anos mais tarde numa reunião social. Ao me apresentar ao namorado, ele me contou que estava planejando aposentar-se para escrever e viajar. Não se sentia mais deprimido, nem solitário.

Foi uma surpresa para mim que Adam tivesse sido capaz de fazer mudanças tão significativas em sua vida depois de apenas dois anos de terapia de uma única sessão semanal. O apoio que dei aos seus esforços de assumir uma postura positiva quanto a ser gay, o desejo de me agradar, da mesma forma como quis agradar seus pais, a compreensão que adquiriu sobre os motivos que o levaram a ter uma baixa auto-estima e o fato de estar psicologicamente resolvido contribuíram para que ele conseguisse fazer mudanças rápidas e significativas. Porém, mais importante que todo o resto, a necessidade de amor que ele sentia nesta etapa tardia de sua vida dera-lhe, assim como ocorria com todos os meus pacientes idosos, a motivação para superar décadas de autodepreciação.

Durante dois anos, eu atendi semanalmente um senhor de setenta e cinco anos que também tinha uma capacidade impressionante de tirar proveito da terapia nesta fase de sua vida. Ele desejava um relacionamento sexual íntimo, mas a perspectiva de tal proximidade o apavorava. Ele começou a trabalhar comigo cinco anos depois de remover cirurgicamente um tumor maligno e dois ou três meses depois de lhe dizerem que estava "curado".

John, um ex-banqueiro bem-sucedido, agora aposentado, havia conhecido Anthony, um homem trinta anos mais jovem que ele, alguns meses antes da cirurgia. A relação nunca tinha sido sexual, e era uma constante fonte de ansiedade, porém, depois de saber que estava curado do câncer, John ficou ainda mais ansioso com esta amizade. Sua tolerância ao prazer tinha sido maior quando o tempo parecia limitado pela morte eminente, do mesmo modo como acontecera com meus pacientes que tinham AIDS. Agora, relativamente livre da perspectiva de uma morte imediata, ele estava pensando em romper o relacionamento, convencido de que Anthony logo o abandonaria.

John falava com carinho de seus pais, mortos já há vários anos, assim como de suas irmãs mais velhas, agora com seus oitenta anos, que tinham ajudado a criá-lo. Ele não tinha lembrança de nenhum trauma, abandono ou abuso durante a infância que pudessem explicar a sua necessidade de limitar o prazer que tirava da vida, suas inibições sociais ou seu medo de intimidade. Sua capacidade de lembrar de experiências antigas era muito limitada. Eu sentia que isso se devia mais a uma negação, do que a alguma deficiência orgânica relativa à idade. Ele afirmava veementemente que eram apenas as atitudes culturais com respeito aos relacionamentos entre pessoas do mesmo sexo as responsáveis pela vergonha e culpa que sentia de sua homossexualidade; antigas experiências com a família ou amigos não tinham ligação com sua auto-repulsa. Eu a princípio pensei que seu rígido estilo cognitivo e sua falta de sensibilidade ao seu estado psicológico interno impossibilitariam o comprometimento terapêutico capaz de ajudá-lo a reverter o seu triste estado. Eu estava errado!

John foi criado em Nova York, onde freqüentou a escola pública e a Universidade de Nova York. Embora nunca se interessasse por mulheres, havia tido apenas uma ou duas experiências ocasionais com rapazes. Já no final da adolescência, ele reconheceu que se sentia atraído por outros homens, apesar de não pensar em si como um homossexual, e sim como alguém "assexuado". Ele foi um adulto socialmente isolado, trabalhava muito e tinha alguns poucos amigos heterossexuais com quem jogava cartas regularmente, mas nenhum relacionamento íntimo. Ele namorava de vez em quando com mulheres, mas não fazia sexo com elas. Antes de conhecer Anthony, ele nunca havia tido um amigo ou sequer um conhecido gay – ninguém com quem pudesse compartilhar suas múltiplas apreensões e poucos prazeres.

Ele passava a maior parte do seu tempo em terapia ruminando sobre os defeitos de Anthony, particularmente sua falta de "classe", inteligência e capacidade de entabular uma conversa estimulante. No entanto, seis meses depois de começarmos a trabalhar, graças ao meu encorajamento, John começou a fazer sexo pela primeira vez. Ele negava qualquer prazer, afirmando apenas ter se sentido feio e desconfortável sem suas roupas. Logo depois disto, Anthony quis se mudar para o seu apartamento, e meu paciente, sentindo-se sob crescente pressão de permitir que ele o fizesse, tornou-se paralisantemente ambivalente e ainda mais encucado.

Eu sempre hesitei em dar conselhos a um paciente jovem, não porque acreditasse que isso fosse necessariamente incorreto do ponto de vista clínico, mas porque é difícil saber o que vai deixá-lo contente e feliz por mais tempo, ou como as circunstâncias correntes podem se transformar ao longo do tempo. Tenho maior propensão de responder à solicitação de conselhos de uma pessoa mais velha. É mais fácil conseguir prever as variáveis que podem afetar o seu futuro, simplesmente pelo fato de seu tempo de vida ser mais limitado.

John perguntou-me várias vezes se deveria permitir que seu namorado se mudasse para a sua casa, e eu me senti confiante para encorajá-lo. Anthony era afetuoso, tinha prazer em cuidar de John e apreciava a segurança financeira e o conforto que John lhe oferecia. Meu paciente precisava ser amparado emocionalmente e num futuro não muito distante, talvez precisasse de cuidados físicos, quer fosse pelas enfermidades impostas pela idade ou por alguma reincidência do câncer. Com uma ambivalência característica e compreensível, John concordou relutantemente em dividir o seu apartamento. Assim como Adam, ele se adaptou rapidamente à nova intimidade e proximidade física e eu fiquei impressionado com a alegria que este novo relacionamento lhe trouxe. Apesar de ter deixado de me ver logo depois disto, ele me ligou três anos depois, pedindo uma indicação médica. John me contou que continuavam juntos e bem e que perto dos oitenta anos, sentia-se ainda saudável.

Um terceiro homem, Harold, tinha sessenta e sete anos, e morava há dez com seu namorado, vinte e dois anos mais jovem que ele, quando veio me consultar, um pouco angustiado com esse relacionamento. Ele achava que Samuel, seu atual namorado, não estava lhe dando o afeto e o apoio que necessitava e que as suas amizades, tanto com homens quanto com mulheres, estavam sendo restringidas pelo ciúme de Samuel. Harold havia feito terapia há trinta anos com um terapeuta conhecido por suas tentativas de converter homossexuais à heterossexualidade. Ele se casou três anos depois de terminar o primeiro tratamento, mas tinha deixado a sua mulher de vinte e quatro anos, dez anos antes de me procurar, reconhecendo que era gay e querendo começar uma nova vida com um parceiro.

O pai de Harold o humilhava e ridicularizava provavelmente por competir com ele. Sua mãe passou a maior parte de sua infância deprimida, com medo do marido e emocionalmente incapaz de intervir e proteger seu filho dele.

Durante a sua terapia de uma sessão semanal, Harold teve um caso apaixonado de vários meses com um homem um pouco mais jovem que seu parceiro. Ele dizia que este homem o fazia sentir-se "vivo vital". Este caso era menos problemático e ultimamente, segundo ele, mais gratificante que a sua atual relação, pois o homem mais jovem era afetuoso e o fazia sentir-se rejuvenescido e excitado, aliviando-o de uma leve, porém crônica depressão. Através desta nova relação ele estava, sem dúvida, expressando também a raiva que sentia de Samuel, por ele não ter lhe dado o amor e o afeto de que precisava e do qual havia sido privado por seus pais.

Talvez pelo fato de já ter feito análise antes e também por ser bastante inteligente, Harold era capaz de fazer conexões psicológicas perspicazes. Ele compreendeu rapidamente como o relacionamento com a sua mãe deprimida contribuiu para a dificuldade que ele tinha de amar e se sentir amado por Samuel, e como ele tratava Samuel com o mesmo desdém que seu abusivo pai lhe havia dedicado. Harold tornou-se mais capaz de expressar afeto e agressividade e não se sentiu mais impelido a sustentar uma relação que lhe parecia insatisfatória. Ele se separou de Samuel dedicando-se ao seu novo namorado.

Impelidos pela necessidade de um amor revitalizante nesta etapa de suas vidas, cada um destes pacientes idosos foi capaz, com ajuda, de se sentir mais positivo a respeito de si mesmo e de sua homossexualidade. Cada um deles, uma vez livres do casamento e da profissão, foi capaz de se assumir e poder assim conhecer outros gays para amar e ser amado.

Dois de meus oito pacientes homossexuais idosos estavam casados há mais de quarenta anos quando procuraram terapia pela primeira vez para se tornarem gays. Ambos desejavam largar seus casamentos infelizes e valorizar os anos que lhes restavam vivendo de maneira mais autêntica. Mas tal solução, após anos de vida num estilo heterossexual, ainda que seus casamentos não fossem satisfatórios, não era necessariamente uma escolha saudável ou realista, numa etapa tão avançada da vida.

Robert, de setenta e quatro anos, com um histórico de grave hipertensão, doença cardíaca e leve obesidade, veio a mim para que eu o ajudasse a conquistar uma "vida gay". Ele estava casado há cinqüenta anos. Vinha tendo encontros homossexuais periódicos desde a universidade, mas sempre se sentiu desconfortável por ser homossexual e nunca havia desejado, até recentemente, ser gay. Durante toda a sua vida ele considerou a sua homossexualidade perversa. Muitos terapeutas o encorajaram para casar e permanecer em seu casamento, o qual havia sido assexuado por mais de trinta anos e nunca tinha sido emocionalmente gratificante. Ele era completamente enrustido tanto socialmente quanto em seu ambiente profissional, onde ainda atuava. Sua mulher não tinha conhecimento, ele acreditava, de seus desejos homossexuais.

O incidente específico que fez com que ele me procurasse foi a ameaça de dissolução de um relacionamento de vários anos, do qual ninguém sabia, com um homem mais jovem, casado, que estava planejando sair da cidade com sua família. Meu paciente o encontrava uma vez por mês e o masturbava. Ele raramente era também tocado por este homem, que ia embora assim que ejaculava. Meu paciente estava agora tentando freneticamente encontrar uma solução para a sua perda eminente, uma vez que este parceiro sexual era a sua única conexão com uma vida gay. Apesar de não ter se assumido para ninguém, meu paciente tinha esperança de que de algum modo conseguiria um novo namorado com quem ele pudesse passar o resto de sua vida. Para tal, ele pretendia deixar sua mulher.

Depois de ouvir sua história por várias sessões, eu tentei dissuadi-lo de deixar sua esposa. Eles tinham filhos e netos, compartilhavam interesses profissionais, propriedades e laços emocionais que haviam crescido depois de tantos anos juntos. Eu acreditava que esta perda aumentaria ainda mais a sua depressão e que seria muito difícil para ele encontrar um novo namorado que substituísse a sua mulher e o seu parceiro sexual. Seria mais aconselhável, eu lhe disse, que ele tentasse melhorar o seu relacionamento com a mulher e satisfizesse suas necessidades com prostitutos. Esta era, a meu ver, a solução mais realista, apesar de nem de longe ser inteiramente satisfatória para um problema tão difícil: o de durante toda uma vida não ter sido capaz de se valorizar ou de ter uma postura positiva frente à sua homossexualidade. Ele estava zangado, pois acreditava que eu iria aconselhá-lo a abandonar sua mulher. Ele parou de me ver uns quatro meses depois, descontente, ainda casado, mas, creio eu, aliviado.

Da mesma forma como os homossexuais de meia-idade casados, discutidos no capítulo 4, Robert precisava reparar a descontinuidade entre sua homossexualidade e sua vida heterossexual, tentando tornar-se gay, mesmo numa idade avançada. Sua necessidade ganhou caráter de urgência com o iminente rompimento de seu relacionamento sexual e com as doenças que começaram a surgir aumentando o seu medo de morrer. Fazer uma mudança abrupta em sua vida poderia tê-lo feito sentir que seria capaz de viver para sempre, ou pelo menos por um tempo muito maior do que o real. Mas eu sentia, face à sua idade, saúde e atuais circunstâncias sociais, que seria difícil para ele se assumir e portanto encontrar um namorado com quem pudesse dividir os anos que lhe restavam. A desintegração de sua vida atual, eu temia, seria mais prejudicial que benéfica.

Terapia com idosos

Freud estava convencido de que não valia a pena tratar de alguém acima dos cinqüenta anos: "Perto dos, ou aos cinqüenta, a elasticidade do processo mental, do qual o tratamento depende, é desregrada – pessoas mais velhas não podem mais ser educadas e por outro lado, o volume de material a ser trabalhado prolongaria o tratamento indefinidamente."[1]

Muitos psicoterapeutas ainda acreditam que grandes mudanças são difíceis ou até mesmo impossíveis de ocorrer da meia–idade em diante. Esta visão fez com que alguns deles não tratassem de idosos, pois sem experiência ou conhecimento a seu respeito, acreditam ser difícil compreender estes pacientes. Nos últimos anos houve um interesse maior em definir as tarefas de desenvolvimento específicas da terceira idade,[2] mas até mesmo muitos terapeutas que não são psicanalistas têm se baseado na visão de Freud e preferem tratar de pacientes mais jovens, permanecendo pessimistas quanto aos possíveis resultados de uma terapia com idosos.

Como meus casos ilustram, vários homossexuais idosos mostraram-se impressionantemente dispostos a se engajar numa terapia que pudesse ajudá-los a estabelecer relacionamentos amorosos, emocional e sexualmente gratificantes pela primeira vez na vida.

A capacidade destes gays idosos de mudar e sustentar relacionamentos deve-se em parte à sua capacidade de arcar e de se adaptar à angústia.

Os idosos homossexuais, ao contrário dos heterossexuais, tiveram que lidar durante toda a sua vida adulta com a estigmatização social, sentindo-se à margem da cultura predominante. Assim como os jovens soropositivos ou aidéticos, eles têm mais oportunidade de desenvolver e aplicar as estratégias apropriadas previamente aprendidas do que a maioria dos heterossexuais, podendo portanto adaptar-se mais efetivamente à crescente debilidade provocada pela idade e ao preconceito sofrido por serem velhos.[3] Também é provavelmente verdade que tal capacidade de adaptação não seja exclusiva dos gays, e que qualquer um que pertença a uma minoria discriminada tenha aprendido estas estratégias que permitem a eles adaptar-se melhor às angústias de envelhecer e às doenças do que alguém que não tenha sido discriminado.

Alguns dos desafios de desenvolvimento dos gays idosos são similares àqueles que atingem todos os idosos de nossa sociedade: adaptar-se à deterioração da saúde, perdas, discriminação pela idade e medo de morrer. Mas há também algumas diferenças importantes. Os gays valorizam mais a aparência física do que os heterossexuais, que freqüentemente se abstêm de cuidar de sua aparência porque isto lhes parece "narcisista". Contudo, é normalmente a convicção de que preocupar-se com a aparência não é masculino, que faz com que vários homens heterossexuais não prestem a devida atenção a seus corpos. Embora eu acredite que a desvalorização do corpo e da aparência por parte dos heterossexuais seja física e emocionalmente nociva, estes gays idosos que anteriormente mantinham uma aparência jovem e atraíam a atenção sexual por isso, e que agora são incapazes de fazê-lo, podem perder uma importante fonte de fortalecimento de seu amor próprio.

Apesar de realmente ser dada muita ênfase à juventude e à beleza na cultura gay, eu descobri que um número surpreendente de jovens gays procuram o calor emocional, o apoio e o conforto oferecidos por uma pessoa mais velha, achando muito atraente a capacidade de um parceiro mais velho oferecer tal segurança emocional. Talvez a procura por segurança e bem-estar em tempos de AIDS seja mais onipresente que antes. Mas os gays também desejam satisfazer um desejo de proximidade com seu pai, freqüentemente frustrado na infância pela retração do pai ou pela própria ansiedade e retração da criança. Este desejo fica óbvio no jovem que procura um parceiro mais velho, mas também aparece no homem mais idoso que trata seu namorado jovem com gentileza e cuidado, e que identificando-se com ele, consegue o amor que quer para si mesmo. Esta identificação com o parceiro mais jovem é uma razão tão importante para a atração contínua quanto a beleza e a juventude.

A discrepância de idades, assim como as diferenças de *status* social, raça ou personalidade, oferecem muitas vezes para casais gays a tensão emocional e a excitação equivalente à desempenhada pela diferença de sexo nos casais heterossexuais. Estas diferenças com freqüência servem para elevar, fortalecer e manter o desejo e o interesse sexual.[4] A complementaridade pode ser até mais importante na manutenção do desejo sexual no caso de gays idosos do que no de jovens, por causa da natural redução fisiológica do desejo sexual com a idade.

Gays idosos têm menos tendência que os idosos heterossexuais de enxergar os relacionamentos com discrepância de idade entre os parceiros como impróprios, aumentando assim as possibilidades de surgimento de novos relacionamentos sexuais e tornando a terapia mais eficaz do que no caso dos idosos heterossexuais. Quatro dos oito homens com quem trabalhei conseguiram estabelecer relações de cinco anos ou mais, com um parceiro vinte ou trinta anos mais jovem que eles. É claro que eu lido com uma amostra de gays relativamente prósperos, e quanto mais próspero é o idoso, gay ou não, maior a sua possibilidade de atrair um parceiro, em particular um que seja consideravelmente mais jovem. Porém, mesmo que a prosperidade do homem mais velho seja a primeira coisa a atrair o parceiro mais jovem e que a juventude deste seja o que inicialmente atraia o mais velho, parece que são as "qualidades intrínsecas" de cada um deles, como lealdade, honestidade e integridade que fazem com que estes relacionamentos perdurem.[5]

O HIV também representa um risco maior à saúde dos idosos gays que são sexualmente ativos e que não tomam os devidos cuidados que à saúde dos heterossexuais. O HIV e a AIDS ocorrem em proporções maiores entre gays idosos do que se imagina comumente; a AIDS costuma provocar perdas de amigos e namorados para a maioria, tornando o espectro da própria morte ainda mais presente. O efeito provocado pelo HIV em suas vidas, mesmo que eles próprios não estejam infectados com o vírus, faz com que muitos procurem a terapia, ávidos por aliviar a sensação de perda e estabelecer, às vezes pela primeira vez, um relacionamento de compromisso.

A meu ver, o desejo inconsciente de viver para sempre, contudo, é a razão mais importante para se desejar novos relacionamentos amorosos e apaixonados na terceira idade, do mesmo modo como ocorre na meia-idade. No caso dos idosos, porém, devido a doenças invasoras, invalidez e perda de amigos, a busca pelo amor, como já vimos, pode às vezes ser frenética e nada realista.

"A arte de envelhecer criativamente", escreveu o psicanalista Robert Stoller, "consiste na capacidade de se adequar à negação". Comportar-se como se pudéssemos viver para sempre, apesar de ser uma negação, é, segundo ele, saudável.[6]

Tornando-se mais positivamente gays e procurando um amor que nutra o seu bem-estar, os idosos costumam melhorar sua saúde física e fortalecer sua saúde emocional, e podem, através disso, perpetuar a sua vida.

Gays idosos podem contribuir significativamente para a saúde e felicidade de gays jovens.

Lemos com angustiante freqüência o crescente índice de infecções por HIV e o alto número de suicídios de adolescentes e jovens gays.[7] Eles são sobrecarregados, ouvindo e vendo tudo o que se refere à doença e à morte e se deprimem com a indiferença e a hostilidade da sociedade, identificando-se com as características derrotistas e autodestrutivas de vários gays adultos que os cercam. Eles se adaptaram a um sistema de valores onde se morre jovem.

Os modelos existentes para os adolescentes gays muito freqüentemente são apenas aqueles das celebridades que se assumiram como soropositivas ou aidéticas. A comunidade gay sentiu uma compreensível necessidade de proteger os direitos civis e fortalecer o amor próprio dos gays soropositivos, mas isto tem sido conseguido muitas vezes às custas da omissão das vantagens de se viver uma vida longa e saudável.[8]

Os idosos podem demonstrar aos mais jovens e desanimados que é possível viver vidas longas, felizes e saudáveis. Tornando-se modelos de longevidade e amor, eles podem mostrar que envelhecer como gay não impossibilita novos relacionamentos ou contatos íntimos. O fato de os gays idosos se tornarem tais modelos é importante, não apenas para os gays jovens, mas para os próprios idosos também. Desta maneira, aqueles que estão envelhecendo podem lutar contra o preconceito de nossa sociedade, que faz com que um número excessivo de gays disponha-se a agir de maneira autodestrutiva. Lutar contra o ódio é uma maneira de todos os gays expressarem a raiva que poderia, de outro modo, ser dirigida contra si mesmos:

Assumir-se é apenas a primeira etapa. Aí então é preciso começar a assumir-se internamente, procurando nutrir a nossa própria autoestima ferida. Para ser um verdadeiro cidadão gay, ou cidadã lésbica, você precisa também dar algo em troca para a sua comunidade. Você tem que chegar lá e mostrar a que veio.[9]

7

Oposição ao preconceito institucional: a discriminação dos gays na psicanálise

Eu, uma pessoa com os pés no chão, prisioneira de suas atividades, confesso sentir diferenças entre os seres humanos... Eu sou, falando mais claramente, um amontoado de preconceitos – feitos de afetos e desafetos – escravo supremo de simpatias, apatias e antipatias.
Charles Lamb

No dia 9 de maio de 1991, a Associação Americana de Psicanálise publicou uma declaração opondo-se à discriminação na admissão de gays e lésbicas para seus institutos afiliados. Quase um ano depois, em 23 de abril de 1992, a sociedade fez uma emenda a esta declaração, incluindo o livre acesso de homossexuais às funções de treinadores e supervisores analíticos, os mais altos e prezados postos desses institutos. A adoção real destas declarações foi o auge da minha luta de oito anos no combate à política dissimulada, até então vigente, de barrar pessoas abertamente gays ou lésbicas no quadro de treinadores desses institutos.

Apesar de Freud ter declarado que os homossexuais não deveriam ser excluídos do treinamento de psicanalistas,[1] a Associação Americana de Psicanálise tinha uma conduta oficiosa que impedia homens e mulheres assumidamente homossexuais de se candidatarem aos seus institutos. Esta política baseava-se na teoria, sustentada com particular convicção pelos psicanalistas americanos, de que os homossexuais teriam estacionado em uma etapa primária de desenvolvimento devido à ação de pais inadequados que teria interferido em seu processo de tornar-se heterossexual. Os homossexuais, segundo esta teoria, haviam se desviado da sexualidade normal.

A teoria de que a homossexualidade derivava de uma falha no desenvolvimento, causada por uma mãe castradora ou um pai ausente, levou os analistas a presumir que todos os homossexuais tivessem uma variedade de graves distúrbios psicológicos.[2] Como escreveu o notável sexólogo inglês, D. J. West, "a psicanálise possui um repertório considerável de rótulos desagradáveis, quase todos eles aplicados mais cedo ou mais tarde aos homossexuais."[3]

Os psicanalistas eram os principais opositores, dentro da Associação Americana de Psicanálise, da decisão de 1973 de se retirar a homossexualidade do seu *Manual de Diagnóstico e Estatísticas*.[4] A oposição foi articulada por Abram Kardiner, um membro fundador da Sociedade de Medicina Psicanalítica de Nova York, numa carta ao *Psychiatric News*:

> Aqueles que buscam reforçar os elementos desintegrantes de nossa sociedade não serão perdoados pelas futuras gerações. A família é a grande vítima da homossexualidade, algo que qualquer sociedade pode tolerar apenas dentro de certos limites.
> Se a Associação Americana de Psiquiatria considerar um dos sintomas de angústia social como um fenômeno normal, estará tornando pública sua ignorância no que diz respeito à dinâmica social, às relações entre inadequação pessoal e desarmonia social, tornando-se responsável por agravar ainda mais o caos já existente".[5]

Dois analistas formaram um comitê *ad hoc* contra a retirada da homossexualidade do *Manual de diagnóstico e estatísticas:* Charles Socarides, um membro da Associação Americana de Psicanálise, conhecido por seu empenho em atribuir um caráter patológico aos homossexuais, e Irving Bieber, que como Socarides, mantinha a convicção de que a homossexualidade era um distúrbio mental tratável. Muitas sociedades psicanalíticas também se opuseram sem sucesso à remoção e enviaram abaixo-assinados ao presidente da Associação Americana de Psicanálise, declarando que como a homossexualidade era um "distúrbio no desenvolvimento psicossexual" passível de tratamento, não havia por que ser retirado do manual.[6]

Na metade da década de oitenta embora a maioria dos analistas não se envolvesse mais em tais atividades políticas nem fizesse declarações bizarras sobre a relação entre a homossexualidade e a desintegração social, grande parte ainda se atinha tenazmente à visão de que a homossexualidade era uma perversão e de que todos os homossexuais eram profundamente perturbados. Em 1986, Otto Kernberg, um dos mais famosos analistas americanos, escreveu: "Não encontramos, a não ser muito raramente, homossexuais masculinos sem graves patologias de personalidade".[7]

Nesta época, a homossexualidade ainda era considerada um sintoma tratável. Os analistas acreditavam que homossexuais motivados por uma terapia apropriada e de longa duração que removesse seus temores inconscientes relacionados às mulheres, poderiam tornar-se heterossexuais. Os homossexuais que continuavam sexualmente ativos embora quisessem se tornar heterossexuais, eram vistos como pacientes difíceis, porque estavam concretizando impulsos perversos em vez de analisá-los. Quanto mais um gay conseguisse tirar prazer do sexo, piores eram os seus prognósticos, pois o prazer e a gratificação sexual diminuíam a sua motivação para mudar. Analistas famosos como Anna Freud advertiam seus pacientes, explícita ou implicitamente, para que não efetivassem a sua sexualidade; caso contrário perderiam as conquistas terapêuticas alcançadas com a abstinência e esforços no sentido de tornar-se heterossexual.[8] Contudo, como já foi mencionado no capítulo 3, mais nocivos à auto-estima destes pacientes foram os esforços, freqüentemente bem-sucedidos, dos analistas no sentido de impedir que seus pacientes se apaixonassem, uma experiência que poderia, como bem perceberam os terapeutas, fazer com que eles valorizassem a sua homossexualidade.[9]

Os psicanalistas aprendem que a postura analítica ideal é a da neutralidade: não se faz julgamentos de valor a respeito dos pensamentos, sentimentos ou comportamento do paciente. Dizer a um paciente homossexual que ele não deve manter relações sexuais não é obviamente um exemplo de tal neutralidade para jovens analistas. Assim sendo, até meados da década de oitenta os analistas em treinamento raramente tinham permissão de analisar gays ou lésbicas que procuravam ajuda mas que não desejavam mudar sua orientação sexual. Era possível porém obter permissão para atender pacientes em conflito com sua homossexualidade que desejassem tornar-se heterossexuais, desde que estivessem em abstinência sexual.[10]

A teoria de Freud sobre a sexualidade infantil era revolucionária, assim como a técnica por ele desenvolvida para ajudar os pacientes a se lembrarem de suas fantasias e memórias de infância relacionadas a experiências traumáticas reprimidas que produziam sintomas na vida adulta. Ocorre que para promover uma maior aceitação da teoria psicanalítica e preservar o valor econômico da técnica, os teóricos e práticos que o sucederam adotaram enfoques menos radicais que seus antecessores e acabaram por se tornar de certa forma provedores de valores sociais tradicionais. Apesar de os psicanalistas terem sempre reconhecido que os seres humanos são capazes de abranger uma vasta gama de sentimentos agressivos e sexuais, fantasias e impulsos, a prática clínica nas últimas cinco ou seis décadas tem normalmente enfatizado a contenção nos pacientes, dos impulsos que não se adequam às normas e expectativas da sociedade. A masturbação, por exemplo, até coisa de vinte anos atrás, era vista pelos analistas clássicos como uma atitude "infantil", ou na melhor das hipóteses, "adolescente", substitutiva e defensiva contra o sexo vaginal adulto. Era vista como uma forma infantil e regressiva de comportamento sexual a ser evitada na idade adulta.[11]

A teoria da homossexualidade como um desvio de desenvolvimento, elaborada e codificada entre 1940 e 1980, aumentou a aceitação da psicanálise dentro da cultura americana predominante. A teoria expressava o preconceito social da sociedade na qual os analistas haviam sido criados, treinados e profissionalizados e oferecia um motivo racional para impedir que gays e lésbicas fossem treinados nos institutos da Associação Americana de Psicanálise.

Como a homossexualidade era considerada um distúrbio emocional, um gay ou uma lésbica que não quisesse tratar do mesmo, mas que desejasse ser psicanalista, era visto como alguém que temia excessivamente suas memórias traumáticas reprimidas ou que era por demais gratificado com sua sexualidade "pervertida" para ser analisável. Não podendo ser analisado, ele ou ela continuaria então a ter graves dificuldades neuróticas que iriam interferir na sua habilidade de analisar os outros. Portanto, gays e lésbicas que não rejeitavam a sua orientação sexual geralmente não eram aceitos para treinamento psicanalítico.

Lutar contra o preconceito da Associação Americana de Psicanálise fez parte de meus esforços pessoais e contínuos de tornar a minha homossexualidade parte integrante de uma auto-imagem saudável e positiva. E sigo acreditando que o gay ou a lésbica que não se opõe ao preconceito e à discriminação das organizações às quais ele ou ela pertence, permanece escravizado pela auto-rejeição que estas instituições provocam.

A necessidade de falar publicamente sem rodeios sobre este preconceito levou-me a organizar, em 1983, como presidente do comitê programático da Associação Americana de Psicanálise, um painel, "Novas Perspectivas sobre a Homossexualidade", apresentando trabalhos de Richard C. Friedman, Stanley Leavy e Robert Stoller além dos meus. Em dezembro daquele ano, num encontro onde estiveram presentes vários profissionais da área, eu defendi uma mudança, tanto na teoria do desenvolvimento, como no tratamento clínico de homossexuais, e afirmei que o procedimento de não treinar gays e lésbicas era baseado apenas em preconceito e não numa real avaliação de sua capacidade de serem ou não bons analistas. Vários analistas saíram do recinto. Muitos, inclusive Charles Socarides, refutaram meus argumentos de maneira passional.[12]

O artigo que apresentei ao jornal da Associação Americana de Psicanálise baseado na minha apresentação foi rejeitado. Nenhum artigo meu havia sido rejeitado até então por este jornal, que já havia publicado dois artigos e dois extensos relatórios meus sobre outros assuntos analíticos. Disseram-me que "seria suficiente dizer que os analistas têm... divergências teóricas (sobre homossexualidade) sem atribuir os resultados à contratransferência". Aqueles que leram o meu artigo achavam que eu "não estava levando a sério... os significados da homossexualidade descobertos por (outros) respeitados e criativos analistas".[13]

Durante os três anos subseqüentes, eu apresentei, em encontros da Associação Americana de Psicanálise e de várias sociedades psicanalíticas, os artigos que acabaram por formar a base do meu livro *Being homosexual,* onde tentei oferecer um modelo de uma via de desenvolvimento normal para homossexuais masculinos. Estas idéias foram consistentemente atacadas. Em resposta a um artigo, um debatedor afirmou em 1985:

> Eu não vejo como é possível entender a necessidade imperiosa de um homem de amar e ser amado por outro homem sem relacioná-

la aos conflitos coexistentes... o medo exagerado de ter intimidade com mulheres... fantasias inconscientes aterrorizantes altamente conflituadas, sádicas e masoquistas, e desejos de todo o tipo... a negação da castração... a culpa consciente, remorso, expiação e autopunição.[14]

Um outro analista, discordando de minha visão, escreveu no mesmo ano:

> O homossexual procura um parceiro por uma série de motivos paliativos: A) estabelecer uma boa relação mãe e filho com a qual ele possa se nutrir; B) achar alguém igual a ele para amar como um dia ele desejou ser amado; e C) esforçar-se para encontrar sua própria masculinidade perdida no corpo e no pênis de seu parceiro. Não conseguindo separar-se totalmente da mãe a identificação do homossexual com o pai é interrompida, fazendo com que ele se sinta incompleto e ferido... A mudança estrutural e a reorientação sexual são possíveis na medida que um analista consiga criar uma atmosfera na qual o paciente possa entrar em contato com sua intensa depreciação, ódio e desejo.[15]

Um artigo meu sobre a natureza dos relacionamentos gays foi rejeitado para uma apresentação num encontro da Associação Americana de Psicanálise sob a alegação de que eu tinha tentado "exonerar ou descaracterizar a homossexualidade como uma patologia... (e) negar a visão de que os homossexuais são promíscuos."[16]

Minhas tentativas de oferecer um modelo normal para o desenvolvimento de homossexuais masculinos provocaram a reiteração veemente da tradicional teoria psicanalítica clínica e de desenvolvimento por parte de meus colegas de profissão.[17] Eles não conseguiam perceber que as suas visões a respeito da homossexualidade haviam sido completamente influenciadas pelo preconceito social. Na verdade, eles estavam convencidos de sua ausência de preconceito, não apenas por causa da crença na validade científica da teoria, mas porque acreditavam que suas próprias análises os tinham livrado de tais sentimentos. Em 1986, eu estava convencido de que, como qualquer preconceito, a atitude negativa da maioria dos psicanalistas com relação aos homossexuais estava tão racionalizada que não poderia ser sobreposta por argumentos razoáveis baseados numa perspectiva clínica e pessoal diferente. Percebi que para que uma teoria de desenvolvimento normal e uma terapia neutra de gays fossem aceitas era preciso que os analistas heterossexuais se familiarizassem mais com os homossexuais fora de seus consultórios. Isto só poderia ocorrer se houvesse analistas assumidamente homossexuais.

Eu passei a me assumir para os pacientes desde 1980, quando percebi que não responder às suas perguntas a respeito de minha orientação sexual era prejudicial ao tratamento (veja capítulo 2). Eu também me assumi para alguns amigos gays, outros psiquiatras gays e para a minha mulher. Mas foi só a partir de 1986 que eu comecei a mencionar a minha homossexualidade a colegas heterossexuais em discussões particulares a respeito de meus artigos. Também neste ano aceitei um cargo no comitê da Sociedade Psicanalítica Americana para questões relacionadas a gays, lésbicas e bissexuais, onde minha orientação sexual se tornaria, eu sabia, inevitavelmente conhecida pelos psiquiatras e psicanalistas heterossexuais da organização. A partir daí e por vários anos eu fui o único membro assumidamente gay da Associação Americana de Psicanálise.

Todos os analistas homossexuais que eu conhecia pessoalmente ou que tinham sido atendidos por mim permaneceram enrustidos. Todos eles, exceto um, eram casados, e temiam a estigmatização pessoal, social e econômica que sofreriam caso fossem descobertos. Um deles, que eu conhecia apenas superficialmente, tornou-se publicamente hostil aos meus pontos de vista, para dar credibilidade, eu presumo, à sua propalada heterossexualidade. Um outro, que me disse que era "bissexual" e com quem eu havia desenvolvido uma calorosa amizade, agora evitava conversar comigo em encontros profissionais. Um terceiro analista renomado e casado, que me ligava regularmente há anos, cortou qualquer contato social.

Eu me surpreendi menos com meus colegas heterossexuais. Embora eu fosse sempre recomendado a pacientes antes de minha orientação sexual se tornar pública, depois disso não recebi mais nenhuma indicação destes mesmos colegas. Um analista, alertando os seus alunos sobre os perigos de ser tratado por um analista homossexual, disse que fazê-lo seria como "aprender a voar com um piloto cego". Felizmente nesta época eu já tinha uma clientela razoável que havia crescido com rapidez, composta principalmente por gays que haviam se indicado uns aos outros, sendo que muitos deles trabalhavam na área de saúde mental e estavam `a procura de terapia ou análise com um psicanalista gay.

Depois que a Associação Americana de Psiquiatria votou em 1973 pela remoção de seu manual de diagnóstico oficial do homossexualismo como um distúrbio mental, sobrepondo-se à oposição formal da maioria dos psicanalistas e psiquiatras analiticamente orientados, seus diretores endossaram uma declaração excelente, opondo-se a qualquer discriminação social e profissional e sanções criminais contra homossexuais. Dizia, num trecho: "O homossexualismo por si só não implica detrimento de julgamento, estabilidade, confiabilidade ou capacidades gerais sociais e profissionais."[17]

O doutor Richard Simons, presidente da Associação Americana de Psicanálise em 1987 apoiou meus esforços de estabelecer um modelo normal para o desenvolvimento de homossexuais masculinos. Eu lhe escrevi no dia 7 de junho deste mesmo ano, dizendo que era tempo dos analistas endossarem a declaração da Associação Americana de Psiquiatria opondo-se à discriminação de homossexuais:

> Agora, 14 anos depois... numa época em que a epidemia da AIDS contribui para o aumento da discriminação e da violência contra os gays, uma ratificação poderia ser de grande ajuda... Continuar a ver o homossexualismo como uma doença, e classificar todos os homossexuais de psicopatológicos, com total desrespeito à evidência contrária, e a rotulação perniciosa dos homossexuais como pervertidos prevalecente em nossa literatura e encontros nacionais contribuem para o preconceito e para a conclusão, por parte de gays e lésbicas, de que os psicanalistas são homofóbicos.

O comitê executivo da Associação recusou-se a endossar a declaração de direitos civis. Acho que eles reconheceram corretamente que aquela declaração se referia à visão psicanalítica vigente do homossexualismo como um distúrbio mental e à política discriminatória de seus institutos. O comitê pediu, em novembro de 1987, que Simons simplesmente escrevesse o seguinte ao Comitê de Questões Sociais da Associação:

> Ainda existem muitas questões não resolvidas a respeito dos limites entre as várias formas de comportamento homossexual e as aparentemente múltiplas etiologias envolvidas nestes vários com-

portamentos. O diagnóstico destas várias formas de comportamento homossexual ainda é controverso, bem como o tratamento. Contudo, parece que para além das considerações científicas há também uma exacerbação corrente do preconceito e da discriminação contra os homossexuais, homens e mulheres, por causa da epidemia da AIDS. O Comitê de Questões Sociais julga apropriado recomendar uma declaração de posição frente a este aspecto de preconceito e discriminação para apreciação do comitê executivo e do conselho executivo.

Apesar da alardeada afirmação da Associação Americana de Psiquiatria de que os homossexuais não eram psicologicamente deficientes e da chamada para o fim de toda e qualquer discriminação, eu achei que uma declaração opondo-se à discriminação de aidéticos seria uma primeira etapa neste processo. Pela primeira vez a organização estava oficialmente levantando questões sobre a etiologia do homossexualismo.

O Comitê de Questões Sociais preparou uma declaração que se opunha à discriminação dos homossexuais por causa da epidemia da AIDS. Contudo, o novo presidente, Homer Curtis, da Filadélfia, ao contrário de Richard Simons, não era simpático aos meus esforços de descaracterizar o homossexualismo como uma patologia. Ele não quis que a Associação Americana de Psicanálise se pronunciasse formalmente, pois ela não deveria se atrelar a questões sociais que não fossem diretamente relevantes à psicanálise.

Eu supus que a razão pela qual Curtis postulara a irrelevância desta declaração tivesse sido evitar o questionamento da discriminação institucional. Portanto formulei uma declaração formal de relevância mais direta aos psicanalistas e psicanalistas em treinamento que ele não poderia deixar de levar ao comitê executivo e Comitê de Normas Profissionais:

A Associação Americana de Psicanálise deplora todo o tipo de discriminação contra pessoas por conta de sua orientação sexual em seus institutos afiliados e sociedades no que se refere à admissão de candidatos à indicação e progresso destas pessoas em qualquer posição ou função.

O Comitê de Normas Profissionais avaliou esta declaração em seu encontro anual, mas concluiu que "não havia necessidade de uma declaração formal específica, uma vez que os americanos têm seguido uma política não discriminatória *(sic)*". A associação simplesmente reafirmou o procedimento expresso em seus estatutos: a admissão e o progresso em programas de treinamento deveriam ser "baseados numa cuidadosa avaliação da integridade pessoal e na possibilidade do candidato ser analisado e educado, e não em pressuposições baseadas em diagnósticos, sintomas ou comportamento manifesto".

Esta declaração nunca impediu os institutos de discriminarem os homossexuais. Eu percebi que a decisão de não explicitar uma oposição à exclusão de gays e lésbicas assumidos refletia o desejo da associação de manter as suas práticas excludentes, bem como o seu medo de que fazendo tal declaração, ela pudesse ser processada por aqueles que haviam sido rejeitados no passado ou pudessem vir a sê-lo no futuro.

Algumas semanas antes do conselho decidir não considerar a minha declaração, eu soube por um colega que dois gays que estavam em treinamento para se tornarem psiquiatras tinham conversado informalmente com membros dos comitês de educação de dois institutos diferentes de Nova York, a respeito da probabilidade de serem aceitos para o treinamento psicanalítico. Foi dito a ambos que não tivessem o trabalho de se candidatar.

Um amigo meu havia sido rejeitado para o treinamento há muitos anos depois de ter informado ao instituto que era homossexual. Determinado a se tornar um analista, ele se candidatou a outro instituto. Desta vez ele não informou aos entrevistadores que era homossexual. Foi aceito. Mais tarde contou ao analista que o treinava que era gay na privacidade de sua primeira sessão. O analista prontamente informou o Comitê de Educação. Foi pedido ao candidato que se afastasse e voltasse a se candidatar depois de analisado. Ele entendeu a solicitação do instituto como um aviso de que primeiro ele deveria se curar de sua homossexualidade para depois voltar a se candidatar.

Eu disse a Homer Curtis, em maio de 1989, que como os princípios declarados nos estatutos da Associação Americana de Psicanálise não estavam impedindo os institutos de excluir os homossexuais, uma declaração mais explícita se fazia necessária. Ele retrucou meus argumentos de forma extremamente autoritária e eu então percebi que não haveria a menor possibilidade de a associação repudiar a discriminação enquanto ele fosse o presidente.

Fiquei surpreso ao perceber, no contato com os comitês da Associação Americana de Psicanálise e da Associação Psicanalítica Internacional, como os analistas estavam preocupados de manter uma imagem pública positiva. A Associação Americana de Psicanálise em especial não gostava de publicidade negativa a respeito de discussões internas e diferenças teóricas que conduziam a disputas ocasionais mas muitas vezes acirradas dentro e entre os institutos, acreditando que qualquer aparência de instabilidade organizacional poderia desencorajar os pacientes de procurarem tratamento psicanalítico.

Eu decidi, portanto, que alguns pronunciamentos públicos poderiam fazer com que a associação reconsiderasse a sua posição a respeito do treinamento de homossexuais. Em maio de 1989, eu escrevi ao *Psychiatric News*, o jornal oficial da Associação Americana de Psiquiatria, a respeito de meus fracassados esforços em conseguir que a Associação Americana de Psicanálise endossasse a declaração de 1973 opondo-se publicamente à discriminação pública e em seus institutos de treinamento de lésbicas e gays assumidos.

Nesta época o *Psychiatric News* tinha uma circulação de cerca de 35 mil exemplares; ele era enviado a todos os psiquiatras que constituíam uma importante fonte de indicações para os analistas, e aos médicos em treinamento de psiquiatria entre os quais a Associação Americana de Psicanálise arrebanhava a maioria de seus candidatos a treinamento na época. Como eu era então membro do Comitê sobre Questões relativas a Gays, Lésbicas e Bissexuais da Associação Americana de Psiquiatria, estava confiante de que a APA seria simpática às minhas preocupações. Além do mais, havia pessoas proeminentes na APA, tanto homo como heterossexuais que eram hostis à psicanálise organizada e a analistas individuais como Socarides que tinham se oposto tão veementemente à remoção do homossexualismo do manual de diagnóstico de distúrbios mentais.

O *Psychiatric News* publicou um artigo extenso em sua edição de 21 julho de 1989. Ao ser entrevistado para a matéria, Homer Curtis negou que a associação excluísse candidatos gays, mas assumiu que as decisões quanto à admissão eram deixadas a cargo de cada instituto, que "pode acreditar que um homossexual não seja analisável ou educável". Judd Marmor, um ex-presidente da Associação Americana de Psicanálise favorável à decisão de 1973 de se retirar o homossexualismo do manual de diagnóstico foi citado como tendo declarado que a recusa da Associação Americana de Psicanálise em condenar a discriminação era "desastrosa" e uma "continuação da conhecida prática discriminatória que não possui nenhuma justificativa científica."[18]

Três meses depois da publicação do artigo, o comitê executivo da Associação Americana de Psicanálise endossou a declaração de posição da Associação Americana de Psiquiatria a respeito de homossexualismo e direitos civis. O doutor Curtis escreveu uma carta para todos os membros da associação e para o *Psychiatric News* falando a respeito de sua decisão.[19] Ele, contudo, continuou a negar que havia discriminação contra os homossexuais em seus institutos e a associação continuou se recusando a discutir o meu pedido de uma declaração formal que se opusesse explicitamente à discriminação.

Logo depois da publicação do artigo, a Academia Americana de Psicanálise, uma organização de analistas não-afiliados à Associação Americana de Psicanálise, apresentou uma declaração condenando a discriminação de homossexuais. Apesar de a academia não ter função de treinamento, ela oficializou uma declaração opondo-se "ao uso da orientação sexual de um candidato como meio de rejeitá-lo em qualquer instituição educacional ou profissional."[20]

Pouco depois, James Marks, um dos advogados que colaborava com a Divisão de Projetos para Gays e Lésbicas da ACLU (União Americana pelas Liberdades Civis), foi informado de uma possível discriminação de um candidato homossexual que concorreu a um posto no Instituto Psicanalítico de Boston. Ele escreveu para o instituto, que respondeu incorporando uma declaração aos seus estatutos onde se opunha à discriminação com base na orientação sexual.

A Associação Americana de Psicanálise tinha neste momento um novo presidente, mais progressista, George Allison. Eu falei com ele informalmente por telefone em outubro de 1990, a respeito da crueldade e injustiça inerentes à discriminação, escrevendo a ele em seguida, lembrando-o de que além da injustiça, "vários institutos estão em comunidades que têm normas que caracterizam a discriminação com base na orientação sexual como prática ilegal." Eu pedi a ele que levasse para o comitê executivo a declaração a seguir, que William Rubenstein, diretor da Divisão de Projetos para Gays e Lésbicas da ACLU, me havia ajudado informalmente a preparar:

> Nenhum instituto afiliado à Associação Americana de Psicanálise deve excluir ou [...] discriminar de qualquer maneira nenhuma pessoa desejando admissão ou promoção dentro destes institutos [...] nem negar promoções ou os benefícios inerentes às posições de professor, treinando ou supervisor da instituição com base na orientação sexual da pessoa.

Em março de 1991, o doutor Allison levou a minha declaração formal a um encontro do comitê executivo, que naquela época estava ciente do repúdio às práticas discriminatórias da Academia de Psicanálise e do Instituto Psicanalítico de Boston. Embora o comitê tenha revisto e alterado a minha declaração, omitindo o direito de obter *status* de treinamento e supervisão, ele acabou elaborando um documento que pela primeira vez afirmava especificamente que a orientação sexual não deveria ser considerada na avaliação dos candidatos para admissão no treinamento. A declaração oficial foi aprovada pelo comitê executivo em maio de 1991.

O *Psychiatric News* relatou a adoção desta medida de não discriminação citando Allison: "um considerável esclarecimento haverá ao longo da Associação Americana de Psicanálise nas questões relativas ao homossexualismo". Numa declaração franca ele também disse que os membros estavam olhando mais de perto as questões políticas e sociais relacionadas ao homossexualismo, assim como a crescente evidência da existência de um componente biológico na orientação sexual e de que a "crescente compreensão tinha atenuado as atitudes homofóbicas que obnublavam a visão de alguns analistas a respeito do homossexualismo."[21]

A adoção desta medida foi muito importante. Contudo, eu continuei preocupado, porque o direito de ser treinador ou supervisor havia sido especificamente omitido no pedido do Comitê de Normas Profissionais. A diretoria está encarregada de estabelecer os padrões de treinamento e é o reduto mais consistentemente conservador; a maioria de seus membros se opôs a permitir que homossexuais assumidos se tornassem supervisores e analisassem candidatos a treinamento.

Eu me opus a esta decisão numa carta ao doutor Allison em 18 de março de 1991, e em sua resposta ele me fez saber que tinham havido "dificuldades organizacionais" para elaborar uma declaração onde se incluísse analistas treinadores. Do meu ponto de vista, esta não era uma simples questão de direitos iguais. A recusa do Comitê de Normas Profissionais em admitir analistas treinadores homossexuais era indicativa, eu acreditava, da persistência de sua convicção de que um homossexual não poderia ser tão bom analista quanto um heterossexual. Qualquer declaração oficial que desse a impressão de que homossexuais não pudessem ser tão competentes quanto os heterossexuais poderia impedir que os analistas endossassem teorias clínicas e de desenvolvimento que descaracterizavam o homossexualismo como uma patologia. Eu também acreditava que, se a Associação Americana de Psicanálise afirmasse que a análise e a supervisão de candidatos poderia ser feita por homossexuais assumidos, seria difícil para os analistas e outros médicos continuarem sustentando que os homossexuais deveriam tentar se tornar heterossexuais para aí então funcionar perfeitamente.

Eu liguei para o presidente do Comitê de Normas Profissionais, Marvin Margolis, em agosto de 1991, para discutir a exclusão dos analistas treinadores da medida. Ele estava interessado na minha própria experiência em análise e me perguntou se eu queria me tornar um treinador. Ele parecia acreditar que eu queria incluir analistas em treinamento e supervisores na declaração por não ter sido indicado para o cargo. Eu lhe assegurei que, apesar de ter querido no começo de minha carreira tornar-me um supervisor, eu agora estava ocupado demais com outras obrigações e não tinha mais tal interesse. Ele então interrompeu a conversa abruptamente, pedindo-me que lhe escrevesse uma carta formal para ser considerada pelo *comitê*. Eu escrevi a ele no dia 13 de agosto de 1991, mas ele não me respondeu. Deixei então um recado em sua secretária eletrônica, ao qual ele não respondeu. Antes do encontro da associação, em dezembro de 1991, eu pedi à diretora administrativa que se assegurasse de que Margolis havia recebido a minha carta, o que ela confirmou. Eu pedi a ela que o lembrasse de me responder. E ele ainda não o fez.

Frustrado e irritado, novamente pedi ajuda a William Rubenstein da ACLU. Ele concordou em escrever uma carta aos membros da associação, mas para fazê-lo, a ACLU tinha que ter um "cliente". A 23 de abril de 1992, em nome da Fundação Nacional da Saúde de Gays e Lésbicas, uma grande organização de gays e lésbicas profissionais de saúde mental de cuja diretoria eu era membro, e da Associação Americana de Estudantes de Medicina, a ACLU escreveu a carta para expressar a sua preocupação com o fato de referências diretas aos cargos de treinadores e supervisores terem sido excluídas da referida medida. Ela os fez ver que "a omissão era ilógica, inconsistente e que em várias das localidades onde havia institutos psicanalíticos da associação, incluindo Nova York, era ilegal."

O comitê executivo agiu rapidamente e uma semana depois a Associação Americana de Psicanálise aprovou uma emenda à declaração que incluía os treinadores e supervisores.[22] A emenda explicitava que os homossexuais, da mesma maneira como os heterossexuais, tinham saúde emocional, "insight" psicológico e capacidade, não apenas de ser psicanalistas, mas também de analisar e treinar outros analistas.

Em seu relato ao *Psychiatric News*, Margolis afirmou: "A declaração anterior pretendia de fato cobrir todos os níveis, inclusive os de treinadores... apesar de não haver nenhuma menção específica aos supervisores e treinadores. A recente extensão da política antidiscriminatória apenas corrige uma falha de redação e não deve ser entendida como uma resposta ao protesto da ACLU."[23]

Recentes desenvolvimentos

Havia um grupo de psicanalistas e outros médicos, liderados por Charles Socarides, muito angustiado com a decisão da Associação Americana de Psicanálise, assim como pelo artigo que eu publicara no *Psychiatric News*, no qual investi contra as tentativas de vários terapeutas orientados analiticamente de transformar homossexuais em heterossexuais.[24] Eles formaram a Associação Nacional pela Pesquisa Psicanalítica e Terapia da Homossexualidade (NARTH), cujos objetivos incluíam a oposição à impressão de que o homossexualismo era uma variação normal da sexualidade humana.[25]

Em 1992, Socarides também ajudou a organizar o Comitê de Psicanalistas Preocupados (Committee of Concerned Psychoanalysts) dentro da Associação Americana de Psicanálise, um grupo que pretendia que os membros se pronunciassem claramente sobre "se os homossexuais candidatos ao treinamento seriam ou não avaliados por seu homossexualismo e se o homossexualismo é agora considerado uma forma normal de comportamento sexual."[26] Eles tentaram, sem sucesso, reverter a nova declaração através de um referendo.

Em dezembro de 1992, a associação recomendou a criação de um comitê sobre questões da homossexualidade para conscientizar os seus membros a respeito dos "resultados do preconceito e da discriminação que por ventura ainda persistissem e da necessidade de se facilitar as mudanças apropriadas nas atitudes e na política." O comitê tem a importante função de tentar "terminar com o preconceito e com a discriminação dentro dos institutos," mas não tem poder para tentar resolver qualquer diferença de opinião que afete o tratamento clínico de homossexuais, tais como se a homossexualidade é um desvio sexual causado por pais inadequados ou uma variante normal da sexualidade humana, ou ainda, se uma orientação sexual pode ser transformada pela psicanálise.[27]

O presidente do comitê tentou chegar a um consenso em parte minimizando a história passada da Associação Americana de Psicanálise no que diz respeito à discriminação. Pouco depois de ter sido nomeado presidente, ele escreveu, referindo-se às recentes declarações antidiscriminação: "Tem havido, é claro, muita pressão para adotar tal declaração, já há vinte anos, mas ela veio de nossos próprios membros e de nosso Comitê de Questões Sociais."[28]

A publicidade negativa e a ameaça de processos foram as responsáveis pela "crescente compreensão" dos analistas de que a exclusão dos homossexuais do treinamento tinha sido baseada no preconceito e não na evidência de sua inabilidade para a função. Contudo, em 20 de maio de 1993, para apaziguar aqueles que haviam se oposto ferozmente à declaração contra o preconceito, o conselho executivo lançou ainda uma outra medida aprovada pelos membros: "O acordo entre analista e analisando é privado. Uma vez iniciado um tratamento, seus objetivos dizem respeito apenas ao paciente e ao analista."[29] Esta declaração continua a carregar a infeliz implicação de que tentativas de transformar homossexuais em heterossexuais, inclusive um candidato assumidamente gay em treinamento, permanecem sendo modalidades aceitáveis de tratamento. Os analistas

Os institutos da Associação Americana de Psicanálise têm começado cautelosamente a aceitar alguns gays e lésbicas assumidos como candidatos para treinamento. Mas neste período de mudança e transição de um modelo de desenvolvimento patológico para um normal, há um tanto a ser aprendido a respeito de homossexualismo. A análise e a supervisão dos poucos candidatos gays e lésbicas agora em treinamento são geralmente feitas por uma geração mais velha de analistas heterossexuais que estão tentando aprender mas que não são familiarizados com as questões referentes ao desenvolvimento de gays e lésbicas.

Charles Socarides ainda faz seminários sobre homossexualidade nos encontros anuais da Associação Americana de Psicanálise. Um grupo de analistas senior renomados em Nova York costuma se encontrar mensalmente para discutir o progresso de seus pacientes homossexuais em alcançar a heterossexualidade através da análise de seus conflitos primários. E numa conferência patrocinada pelo Centro Psicanalítico da Califórnia, em janeiro de 1995, Otto Kernberg, hoje presidente eleito da Associação Americana de Psicanálise, apresentou a sua visão de que muitos homossexuais podem ser transformados em heterossexuais, e que os analistas "deveriam ter a capacidade de se insurgir contra o pensamento politicamente correto." Ele acrescentou que "o analista tem que assumir uma posição de neutralidade técnica."[30]

A maioria dos profissionais da área de saúde mental admite agora que o preconceito social é nocivo à saúde mental e bem-estar emocional dos homossexuais. A maioria não acredita que homossexuais possam ser transformados em heterossexuais. Mas há mais trabalho a ser feito.

A posição clínica ainda sustentada por alguns psicanalistas e outros médicos, de que os homossexuais têm uma orientação sexual "perversa" passível de ser transformada é usada pelo direito político e congregações religiosas conservadoras para se opor aos esforços legais dos homossexuais no combate à discriminação que nos priva dos mesmos direitos civis dos heterossexuais. Se homossexuais podem se tornar heterossexuais, como se argumenta, então eles precisam de tratamento, e não de direitos iguais. O mesmo argumento é usado para se opor ao direito dos gays de se casarem. Contudo, subjacente à oposição a relacionamentos comprometidos entre gays e lésbicas está também a necessidade social de alimentar o preconceito sustentando que os homossexuais são diferentes, promíscuos, anti-família e anti-sociais.

Opor-se à discriminação numa sociedade preconceituosa faz bem à psique. Isto direciona a raiva para longe de nós mesmos, para o lugar ao qual ela realmente pertence. Mas é o amor que nos faz saber quem somos. Não deixe que nenhum indivíduo, organização ou instituição tire isto de você!

NOTAS

Introdução

1 Na década de setenta seguindo a decisão da Associação Americana de Psiquiatria de retirar o homossexualismo de seu *Diagnostic and statistical manual of disorders* (Manual de diagnóstico e estatísticas de distúrbios), e baseado no fundamental estudo de Evelyn Hooker, "The adjustment of the male overt homosexual "*(Journal of Projective Techniques* (1957), 21:18-31), alguns terapeutas analiticamente orientados começaram a questionar a teoria psicanalítica sobre o homossexualismo masculino. Alguns exemplos notáveis: Frank Lachman, "Homosexuality: some diagnostic perspectives and dynamic considerations", *American journal of psychotherapy* (1975), 29:254-60; John Gonsiorek, "Psychological adjustment and homosexuality", *Social and behavioral sciences documents, MS 1478* (San Raphael, Calif.: Select Press,1977); e Stephen Mitchell, "Psychodynamics, homosexuality and the question of pathology", *Psychiatry* (1978), 41:254-63. Apreciações mais elaboradas e críticas sobre a teoria foram feitas na década de 80: Robert Friedman, "The psychoanalytic model of male homosexuality: A historical and theoretical critique", *Psychoanalytic Review* (1986), 73(4):483-519; Richard C. Friedman, *Male homosexuality: a contemporary psychoanalytic perspective* (New Haven: Yale University Press, 1988); Kenneth Lewes, *Homosexuality and psychoanalysis* (Nova York: Simon & Schuster, 1988); e o meu livro anterior, *Being homosexual: gay men and their development* (Nova York: Farrar, Straus & Giroux, 1989).

2 Robert Bak, "Object relations in schizophrenia and perversion", *International Journal of Psycho-analysis* (1971), 52:235-42.

3 Abram Kardiner, "The social distress syndrome of our time, I", *Journal of The American Academy of Psychoanalysis* (1978):89-101.

4 Franz Kallmann, "A comparative twin study on the genetic aspects of male homosexuality", *Journal of Nervous and Mental Disease* (1952), 115:283-98; Elke Eckert et al., "Homosexuality in monozygotic twins reared apart", *British Journal of Psychiatry* (1986), 148:421-25; e Richard Pillard e James Weinrich, "Evidence of familial nature of male homosexuality", *Archives of General Psychiatry* (1986), 43:808-12.

5 Richard Green estudou quarenta e quatro rapazes "femininos" e descobriu que por volta de dois terços deles se tornaram adultos homo ou bissexuais. Não se pode deduzir destes estudos

a porcentagem de adultos homossexuais que foram rapazes não convencionalmente masculinos, mas a minha impressão clínica baseada no meu trabalho com pacientes adultos confere com a sua observação empírica. Ver Richard Green, *The "sissy boy syndrome" and the development of homosexuality* (New Haven: Yale University Press, 1987).

6 Apesar de minhas observações clínicas terem me convencido da natureza constitucional do homossexualismo, elas não provaram, é claro, que ele tem uma origem biológica. Estudos empíricos, publicados depois do meu livro, deram mais credibilidade à existência de uma base biológica para o homossexualismo masculino e ao fato de haver um determinante genético também: Simon Le Vay, "A difference in hypothalamic structure between heterosexual and homosexual men", *Science* (1991), 253:1034-37. Le Vay trata de seu trabalho e outros estudos biológicos sobre comportamento sexual e sentimentos no *The sexual brain* (Cambridge: MIT Press, 1993); ver também Laura Allen e Roger Gorski, "Sexual orientation and the size of the anterior commissure in the human brain", *Proceedings of the National Academy of Science* (1992), 89:7199-202. A hipótese de que a homossexualidade é determinada geneticamente é sustentada pelo estudo de J. Michael Bailey e Richard Pillard, "A genetic study of male sexual orientation", *Archives of General Psychiatry* (1991), 48:1089-93 e pelos importantes estudos de Dean Hamer, Stella Hu, et al., "A linkage between DNA markers on the x chromosome and male sexual orientation", *Science* (1993), 261:321-27, e "Linkage between sexual orientation and chromosome xq28 in males but not in females", *Nature genetics* (1995), 11:248-56. No *The science of desire* (New York: Simon & Schuster, 1994), Dean Hamer e Peter Copeland fazem uma explanação sobre a descoberta de Hamer de um gene ligado à homossexualidade masculina. Há um estudo interessante sobre os livros de Le Vay e Hamer e Copeland feito por Richard Horton, "Is homosexuality inherited?" *The New York review of books* (13 de julho de 1995), 52:12, 36-41.

7 K.J. Dover, *Greek homosexuality* (Nova York: Vintage Books, 1978), esp. pp. 6-111. Em seu último livro, o historiador John Boswell relata que estes relacionamentos formais entre um "amante" mais velho e um "amado" mais jovem não eram o único tipo de relacionamento homossexual existente na Grécia Antiga, havia uma variedade maior do que implica esta visão tradicional; ver *Same-sex unions in premodern Europe* (Nova York: Villard, 1994), pp: 56-57, 71-72.

8 Gilbert Herdt, *The Sambia: ritual and gender in New Guinea* (Nova York: Holt, Rinehart & Winston, 1987).

9 Para estudos mais detalhados sobre tornar-se gay, ou "a formação de uma identidade homossexual", ver Vivian Cass, "Homosexual identity formation: a theoretical model", *Journal of Homosexuality* (1979), 4:219-35, e seu interessante artigo sobre "The implications of homosexual identity formation for the Kinsey model and scale of sexual preference", em *Homosexuality/ heterosexuality,* editado por D. P. McWhirter, S. A. Sanders, e J. M. Reinisch (Nova York: Oxford University Press, 1990). Ver também o estudo de Eli Coleman sobre "Developmental states in the coming out process", *Journal of Homosexuality* (1981), 7:31-43. Para relatos sobre jovens que se assumem em Chicago, ver Gilbert Herdt e Andrew Boxer, *Children of horizons* (Boston: Beacon Press, 1993) no qual o autor discute e compara o significado social e desenvolvimental do processo de se assumir dos adolescentes gays e lésbicas de variados grupos étnicos e sociais.

10 Paul Monette, "The politics of silence", *The New York Times,* 7 de março de 1993.

Capítulo 1: Tornar-se gay: uma odisséia pessoal

1 A técnica de livre associação nasceu da frustração de Freud com o benefício transitório da remoção de sintomas através de sugestão hipnótica. Ele percebeu que a melhora através da hipnose que ocorria apenas devido ao desejo do paciente de agradar ao médico e desaparecia quando o contato era desfeito. No caso de Elizabeth Von R., de quem ele tratou em 1892, ele dispensou a hipnose e usou apenas a concentração, pedindo à sua paciente que resgatasse memórias que pudessem esclarecer os seus sintomas. Entre 1892 e 1895, a livre associação tomou gradativamente o lugar do método catártico como a técnica preferida para resgatar antigas memórias traumáticas. Mas há vestígios de sugestão em todas as análises, i.e., na repetição de interpretações diariamente por vários anos. Ver Ernest Jones, *The life and work of Sigmund Freud*, vol.I (Nova York: Basic Books, 1953),p. 240.

2 Desde o final da década de sessenta havia associações informais de gays que se encontravam secretamente durante as convenções anuais da Associação Americana de Psiquiatria. Em 1973, foi formada uma assembléia de psiquiatras gays e lésbicas para ajudar os membros gays e lésbicas a terem um comportamento mais aberto. Em 1979, a assembléia tinha por volta de setenta e cinco membros e era chamada de Associação de Psiquiatras Gays e Lésbicas. Um Comitê Oficial da APA para questões de gays, lésbicas e bissexuais se formou no mesmo ano. Eu fui membro deste comitê de 1986 a 1993 e seu presidente de 1991 a 1993. Ver Ronald Bayer, *Homosexuality and american psychiatry* (Nova York: Basic Books, 1981), pp: 162-78.

3 Os debatedores eram Stanley Leavy, Robert Stoller, Richard C. Friedman e eu. O relatório deste painel foi feito por Richard C. Friedman e publicado como "Toward a further understanding of homosexual men", no *Journal of the American Psychoanalytic Association* (1986), 34:193-206.

Capítulo 2: O terapeuta gay

1 Para mais informações a respeito do preconceito na teoria psicanalítica, ver meu artigo "On the analytic therapy of homosexual men", *Psychoanalytic study of the child* (1985), 40:235-54 e meu livro anterior *Being homosexual: gay men and their development* (Nova York: Farrar, Straus & Giroux, 1989), pp: 3-23, 109-27.

2 Eu escrevi *Being homosexual* para definir uma via de desenvolvimento normal para gays, em oposição à visão analítica do homossexualismo como um desvio. Mas mantenho a perspectiva psicanalítica tradicional da importância das experiências do período da infância e do inconsciente para o entendimento do comportamento adulto.

3 Aqui estão alguns destes pontos de vista: Lawrence Kolb e Adelaide Johnson, "Etiology and therapy of overt homosexuality ", *Psychoanalytic Quarterly* (1953), 24:506-16; Irving Bieber et al., *Homosexuality* (Nova York: Basic Books, 1962); e Charles Socarides, *Homosexuality* (Nova York: Jason Aronson, 1978).

4 Sigmund Freud (1937), "Analysis terminable and interminable" (London: Hogarth Press, 1964), *Standard edition* 23:248.

5 Ver *Being homosexual*, pp: 109-27.

Capítulo 3: O adolescente homossexual

1 Para alguns exemplos, ver Peter Blos, *On adolescence* (Nova York: Free Press, 1962), p. 143; Selma Fraiberg, "Homosexual conflicts", em *Adolescence: psychoanalytic approach to problems and therapy*, editado por S. Lorand e H. I. Schneer (Nova York: Paul E. Hober, 1961), pp: 78-112; Moses Laufer, "The body image: the function of masturbation and adolescence", *Psychoanalytic study of the child 23* (1968):114-37; Leo Spiegel, "Comments on the psychoanalytic psychology of adolescence", *Psychoanalytic study of the child* 13 (1958).

2 Ver Fraiberg, "Homosexual conflicts"; e também Moses Laufer e M. Eglé Laufer, "Why psychoanalytic treatment for these adolescents?" no *Developmental breakdown and psychoanalytic treatment in adolescence*, editado por M. Laufer e M. E. Laufer (New Haven: Yale University Press, 1989).

3 Ver Simon Le Vay, *The sexual brain* (Cambridge: MIT Press, 1993), pp: 71-138; e também de Le Vay "Viewpoint", *The Advocate* (21 de março de 1995):49.

4 Para discussões a respeito da natureza do relacionamento de uma criança homossexual com seu pai, ver o meu artigo, "Fathers and their homosexually inclined sons in childhood", *Psychoanalytic Study of the Child* 41 (1986), e *Being Homosexual* (Nova York: Farrar, Straus & Giroux, 1989), cap. 3.

5 Fraiberg, "Homosexual conflicts".

6 Ibid., p. 83.

7 Ibid., p. 78. Assim como Fraiberg, os Laufers viam a psicanálise como uma forma de fazer o adolescente acreditar na "possibilidade de uma vida diferente da anormal... da perversão estabelecida". Falando sobre adolescentes homossexuais carentes de ajuda, eles dizem: "A puberdade e a adolescência os confrontam inconscientemente com a realidade de seus corpos sexualmente fracassados." Ambos vêem o homossexualismo como um aprisionamento, uma capitulação psíquica. Laufer e Laufer "Why psychoanalytic treatment for these adolescents?", pp: 21-22.

8 Fraiberg, "Homosexual conflicts", p. 102.

9 À medida que Paul passou a se sentir mais à vontade com sua sexualidade e contatos íntimos, ele passou a se interessar cada vez mais em criar mais oportunidades de se expressar sexualmente, incluindo o sexo anal. Trabalhando com Paul durante a sua adolescência e juventude e trabalhando com qualquer paciente hoje em dia, eu não hesito em educá-lo a respeito de sexo seguro. Para mais informações a respeito da educação de adolescentes e adultos sobre sexo seguro, ver *Being homosexual*, cap. 5; Gary Remafedi, "Preventing the sexual promiscuity of AIDS during adolescence", *Journal of Adolescent Health Care* (1988) 9 (1):39-143; e M. Rotheram-Borus, C. Koopman, e A. Erhardt, "Homeless youths and HIV infection", *American psychologist* (1991), 46 (11):1188-97. Também Walt Odets, "Why we stopped doing primary prevention for gay men in 1985", *Aids and public policy journal* (1995), 10 (1):1-29.

10 Peter Blos, *Fathers and sons* (Nova York: International Universities Press,1985), p. 50.

Tornar-se gay

11 O adolescente com natureza bissexual, ao contrário do adolescente homossexual, obtém grande gratificação de seus relacionamentos heterossexuais e geralmente costuma optar por suprimir seus impulsos homossexuais e é capaz de fazê-lo confortavelmente.

12 Blos, *Fathers and sons*, pp: 3-55.

13 Para uma análise da literatura sobre jovens gays e lésbicas e para a indicação de futuras pesquisas ver, Andrew Boxer, Bertram Cohler, Gilbert Herdt e Floyd Irvin, "Gay and lesbian youth", em *Handbook on clinical research and practice with adolescents* (Nova York: Wiley, 1993). Em *Children of Horizons* (Boston: Beacon Press: 1993), Gilbert Herdt e Andrew Boxer discorrem sobre como a idade, o sexo, a classe social e a etnia afetam o processo de se assumir.

14 A maioria dos adolescentes que se assume no início da adolescência, aos onze, doze ou treze anos foram forçados a fazê-lo por serem genericamente atípicos ou visivelmente não convencionais em outros aspectos. Muitos deles foram rejeitados por seus pais e amigos. Agências sociais como o Hettrick-Martin Institute em Nova York e o Project Ten na Califórnia oferecem escolas especiais e aconselhamento para este grupo de jovens gays não convencionais e têm sido de grande ajuda para amenizar os efeitos da rejeição e estigmatização social.

15 O índice de suicídio de jovens gays e lésbicas está estimado em 25% do total de suicídios de adolescentes. Um estudo revelou que 30% de 137 adolescentes gays ou bissexuais tentaram suicídio. É mais provável que este índice seja maior entre os adolescentes que não têm um aspecto adequado ao seu gênero, sendo portanto mais freqüentemente rejeitados e estigmatizados. Ver Gary Remafedi, *Pediatrics* (1991), 87:869-75. Também ver Paul Gibson, "Gay male and lesbian youth suicide", em *Report of the secretary's task force on youth suicide*, Vol. 3 (Washington, D. C.: Department of Health and Human Services, agosto de 1989).

16 Ver Walt Odets, "Psychosocial and educational challenges for the gay and bisexual male communities", artigo lançado pela Convenção de Prevenção à AIDS da Associação Americana de Médicos pelos Direitos Humanos, em Dallas, Texas, 15-17 de julho, 1994; e sua publicação "Why we stopped doing primary prevention for gay men in 1985."

17 Pais que procuram ajuda terapêutica de minha parte querem oferecer a seus filhos um ambiente positivo e estável. Aqueles mais críticos com seus filhos adolescentes por sua homossexualidade e que desejam que eles tentem mudar a sua orientação sexual devem procurar ajuda de outras pessoas. Eu atendo portanto um grupo específico de pais e adolescentes.

18 Ver o meu artigo "The second separation stage of adolescence" em *The course of life*, editado por Stanley Greenspan e George Pollock, Vol. 3 (Nova York: International Universities Press, 1993), pp: 453-68.

Capítulo 4: O dilema dos homossexuais casados

1 Estudos realizados nos EUA, Países Baixos, Dinamarca e Alemanha Ocidental entre 1974 e 1981 indicaram que neste período 15 a 20% de todos os homossexuais eram ou haviam sido casados. Ver Michael W. Ross, *The Married homosexual man* (London: Routledge & Kegan Paul, 1983), pp. 20-24. É provável que o número de homossexuais casados hoje em dia seja

menor do que quando esta pesquisa foi feita, pois a tolerância a relações entre pessoas do mesmo sexo aumentou um pouco nos últimos tempos.

2 O analista Robert Liebert disse achar que para homossexuais em tempos de AIDS "falando em termos de sobrevivência, é vantajoso ser (casado e) heterossexual." Ver seu artigo "Middle aged homosexual men: issues in treatment", no *The middle years*, editado por John M. Oldham e Robert Liebert (New Haven: Yale University Press, 1989), p. 158.

3 No Capítulo 8 de *Being homosexual* (Nova York: Farrar, Straus & Giroux, 1989), eu discuto o papel que o desejo transferencial pelo amor do pai não analisado exerce nas terapias "conversoras" ou "reparadoras" e na maioria das análises feitas com homossexuais.

4 André Gide, *Madeleine* (Chicago: Elephant Paperbacks/Ivan R. Dee, 1989), pp: 21-23.

5 Ver Laud Humphreys, *The tea room trade: impersonal sex in public places* (Chicago: Aldine Press, 1970). 54% dos homens pesquisados por Humphreys que faziam sexo em banheiros públicos eram casados e viviam com suas mulheres.

6 Para uma análise sobre o ajuste e o desenvolvimento na segunda metade da vida, ver Bertram Cohler e Robert Galatzer-Levy. "Self, meaning and morale across the second half of life", em *new dimensions in adult development*, editado por Robert Nemeroff e Calvin Colarusso (Nova York: Basic Books, 1990), pp: 214-60.

7 Para um excelente artigo sobre terapia com gays e danos à auto-estima, ver Carlton Cornett, "Dynamic psychotherapy of gay men: a view from self psychology" em *Affirmative dynamic psychotherapy with gay men*, editado por Carlton Cornett (North-vale, N. J.: Jason Aronson, 1993), pp: 45-76.

8 Catherine Whitney, *Uncommon lives: gay men and straight women* (Nova York: New American Library, 1990), p. 154.

9 Ibid., pp. 154-55.

10 Eu analiso mais profundamente o tópico da bissexualidade e faço um breve histórico clínico deste paciente em *Being homosexual*, pp: 103-8.

11 Ver Calvin Colarusso e Robert Nemeroff, "Clinical implications of adult developmental theory", *American Journal of Psychiatry* (outubro 1987), 144 (10):1263-70, para uma análise sucinta de sua visão do desenvolvimento adulto.

12 Daniel J. Levinson et al., *The seasons of men's life* (Nova York: Ballantine Books, 1979), p. 328.

Capítulo 5: O desenvolvimento de uma identidade gay positiva com HIV ou AIDS

1 Ver *Psychiatric dictionary*, editado por Robert J. Campbell, 6a. ed. (Nova York: Oxford University Press, 1989), p. 785.

Tornar-se gay

2 Os índices da maior parte das doenças depressivas são similares nas populações de homossexuais HIV positivos e negativos e na população em geral. Ver D. Ostrow, A. Monjan e J. Joseph, "HIV-related symptoms and psychological functioning in a cohort of homosexual Men", *American Journal of Psychiatry* (1989), 146:737-42.

3 Os artigos a seguir analisam os benefícios de aconselhar estes pacientes: Samuel Perry e John Markovitz, "Counseling for HIV testing", *Hospital and Community Psychiatry* (julho de 1988), 39(7):731-39; John Markovitz, Gerald Klerman e Samuel Perry, "Interpersonal psychoterapy of depressed HIV-positive outpatients, *Hospital and Community Psychiatry* (setembro de 1992), 43 (9):885-90; John Markowitz, Judith Rabkin, e Samuel Perry, "Treating depression in HIV positive patients", *AIDS* (1994), 8:403-12.

4 Gordon W. Allport, *Becoming* (New Haven: Yale University Press, 1955), p. 87.

5 Markowitz, Klerman e Perry relataram que "o reconhecimento compartilhado de que o tempo era precioso motivou a nós e a nossos pacientes, intensificou nosso envolvimento mútuo e comprometimento e nos conduziu surpreendentemente a grandes mudanças pessoais. ("Interpersonnal psychotherapy of depressed HIV-positive outpatients", p. 889)

6 Para uma análise sobre a relação entre os danos causados à auto-estima e as inclinações masoquistas, ver Arnold Cooper, "The unusually painful analysis: a group of narcissistic-masochistic characters in psychoanalysis", em *Psychoanalysis: the vital issues*, editado por George Pollock e John Gedo, Vol. 2 (Nova York: International Universities Press, 1984). Veja também o seu artigo, "Narcissism and Masochism", *Psychiatric Clinics of North America* (setembro, 1989), 12 (3):541-52.

7 Para referências a respeito destes artigos sobre AIDS, ver Jeanne Kassley, *Gay men's health* (Nova York: Harper & Row, 1983), pp. 35, 150-53.

8 O doutor John Markowitz escreveu:

> Gays, heterossexuais, usuários de drogas e mulheres infectadas com o vírus HIV muitas vezes parecem descobrir a capacidade de mudar suas vidas e relacionamentos, vivenciar fantasias naquilo que pode ser o último suspiro de suas vidas. Alguns usuários de drogas declararam: "ser infectado foi a melhor coisa que já me aconteceu, sem o HIV eu jamais teria conseguido parar." É claro que não é todo mundo que reage desta maneira, mas aqueles que procuram terapia podem estar querendo desesperadamente usar o HIV como uma epifania, uma força estimulante em suas vidas (comunicação pessoal)

Ver também Markowitz, Klerman e Perry "Interpersonal psychotherapy of depressed HIV positive outpatients".

9 Nos *Archives of General Psychiatry* (fevereiro 1991), 48:111-19; Judith Rabkin, Jane Williams, Robert Remien, *et al.* relatam que não há uma correlação significativa entre a depressão de homens HIV positivos e o índice de imuno-supressão ou grau de avanço da doença. Em outro artigo eles encontram "altos níveis de esperança e baixos níveis de... sintomas depressivos" num grupo seleto de homossexuais bem-educados. Ver "Maintenance of hope in HIV spectrum homosexual men", *American Journal of Psychiatry* (outubro 1990), 147 (10):1322-26. F. Patrick McKegney e Mary Alice O'Dowd registraram que 322 pacientes com

AIDS eram significantemente menos suicidas que 82 que estavam infectados mas não haviam desenvolvido a doença. Ver "Suicidality and HIV status", *American Journal of Psychiatry* (março 1992), 149 (3):96-98.

10 Ver Robert Nemiroff e Calvin Colarusso, eds. *New dimensions in adult development* (Nova York: Basic Books, 1990), p. 106.

11 Irving Yallom e C. Greaves, "Group therapy with the terminally III", *American Journal of Psychiatry* (1977), 134:396-400.

Capítulo 6: Tornar-se gay numa idade mais avançada

1 Sigmund Freud (1905 [1904]), "On psychotherapy" (London: Hogarth Press, 1953), *Standard edition* 7:264.

2 Veja, por exemplo, S. H. Cath e C. Cath "The race against time" em *Psychotherapy and psychoanalysis in the second half of life*, editado por Robert Nemiroff e Calvin Colarusso (Nova York: Plenum, 1984), pp: 241-62. Ver também Bertram Cohler e Robert Galatzer-Levy, "Self-meaning and morale across the second half of life" em *New dimensions in adult development*, editado por Robert Nemiroff e Calvin Colarusso (Nova York: Basic Books, 1990), pp: 214-60; e o trabalho de dois volumes editado por George H. Pollock, *How psychiatrists look at aging* (Nova York: International Universities Press, 1992, 1994).

3 Ver Richard Friend, "Older lesbian and gay people: a theory of successful aging" em *Gay midlife and maturity*, editado por John Allen Lee (Nova York: Harrington Press, 1990), p. 109.

4 Ver meu livro anterior *Being Homosexual* (Nova York: Farrar, Straus & Giroux, 1989), pp: 82-93.

5 Ver o relato de Richard Steinman em suas entrevistas com duzentos e oitenta mulheres e homens em relacionamentos com jovens, "Social exchanges between older and younger gay male partners," em Lee, ed. *Gay midlife and maturity*, pp: 179-205.

6 Robert Stoller, "Blessed denial: or how, by aging, I (almost) conquered reality", em *How psychiatrists look at aging*, editado por George H. Pollack, Vol. I (Madison, Conn.: International Universities Press, 1992), p. 227.

7 Ver Mary Jane Rotheram-Borus et al., "Predicting patterns of sexual acts among homosexual and bisexual youths" *American Journal of Psychiatry* (1995) 152:4.

8 Esta questão é analisada por Walt Odets em seu excelente e importante artigo "Why we stopped doing primary prevention for gay men in 1985", *AIDS and public policy journal* (1995), 10(1):1-30.

9 Paul Monette, "The politics of silence", no *The New York Times*, 7 de março de 1993).

Capítulo 7: Oposição ao preconceito institucional: a discriminação dos gays na psicanálise

1 Respondendo a uma pergunta de Ernest Jones a respeito da admissão de homossexuais para treinamento psicanalítico, Freud e Otto Rank escreveram: "Não queremos a princípio excluir tais pessoas porque não podemos aprovar a sua perseguição. Acreditamos que a decisão em tais casos deveria ser feita com base no exame das outras qualidades da pessoa." Esta carta foi citada no meu livro anterior, *Being homosexual* (Nova York: Farrar, Straus & Giroux, 1989), p.6. Foi descoberta pelo doutor Hendric Ruitenbeck e está agora no na biblioteca de livros e manuscritos raros da Columbia University. Foi publicada pela primeira vez no jornal gay canadense *Body Politic* (1977), 33:8.

2 Para uma descrição dos distúrbios atribuídos pelos analistas aos homossexuais pelos analistas nos últimos 30 anos, ver Kenneth Lewes, *The psychoanalytic theory of male homosexuality* (Nova York: Simon & Schuster, 1988), pp: 184-229.

3 D. J. West, *Homosexuality Re-examined* (Minneapolis: University of Minnesota Press, 1977), p. 103.

4 Ver Ronald Bayer, *Homosexuality and american psychiatry* (Nova York: Basic Books, 1981), pp: 121-42, para uma análise da decisão da Associação Americana de Psiquiatria e a natureza do debate em questão.

5 Ibid., p. 141.

6 Ibid., p. 121.

7 Otto Kernberg, "A conceptual model of male perversion", no *The psychology of men: new psychoanalytic perspectives*, editado por Gerald Fogel, Frederick Lane e Robert Liebert (Nova York: Basic Books, 1986), p. 175.

8 Anna Freud, "Problems of technique in adult analysis"(1954), em *The writings of Anna Freud*, Vol. 4 (Nova York: International Universities Press, 1968), pp: 337-406. Ver também Lawrence Kolb e Adelaide Johnson "etiology and therapy of overt homosexuality", *Psychoanalytic Quarterly* (1955), 24:506-16. Admoestações similares foram feitas por Lionel Ovesey e Sherwyn Wood, "Pseudohomosexuality and homosexuality in men: psychodynamics as a guide to treatment", em *Homosexual behavior*, editado por Judd Marmor (Nova York: Basic Books, 1980), pp: 325-41; e por Charles Socarides em *Homosexuality* (Nova York: Jason Aronson, 1978).

9 Selma Fraiberg, "Homosexual conflicts" em *Adolescents: psychoanalytic approach to problems and therapy*, editado por S. Lozana e H. I. Schneer (Nova York: Paul E. Hober, 1961), p. 78. Ver também a descrição oferecida por meu paciente das exortações de seu ex-analista, registradas em *Being Homosexual*, p. 113.

10 Em 1987, perguntei a um psicanalista – que havia feito uma extensa pesquisa sobre pacientes recusados para treinamento – qual a atitude predominante em sua clínica com relação ao tratamento de homossexuais. Ele me respondeu em 4 de fevereiro de 1987:

Esta semana o Comitê Clínico avaliou um homem de 42 anos. Respondendo à sua pergunta, quero esclarecer que sua homossexualidade não criou nenhuma dúvida quanto à sua aceitação. Há dez anos este homem teria sido certamente reprovado por ser homossexual e devido à sua idade. Está claro para mim que ele está sendo aceito agora, apesar de condicionalmente, porque a atitude quanto ao tratamento de pacientes homossexuais mudou e porque a oferta de bons profissionais é muito pequena.

11 Novos enfoques sobre a masturbação de adultos como "normal" foram apresentados num encontro da Associação Americana de Psicanálise em 1978. Mesmo naquela época, um analista altamente consagrado fez ressalvas às "visões modernas de nossa sociedade liberada de que a masturbação de adultos é normal... A tecnologia contraceptiva contribuiu para a revolução sexual que tende a igualar a masturbação ao intercurso... Há uma crescente confusão entre a necessidade de satisfação e a satisfação psicologicamente madura relacionada a um objeto concreto. *Journal of the* American Psychoanalytic Association (1980), 28 (3):647-48.

12 O relatório dos artigos do painel e do debate que se seguiu estão resumidos no *Journal of the American Psychoanalytic Association* (1984), op. cit.

13 Citado numa carta de 16 de fevereiro de 1984, do editor do *Journal of the American Psychoanalytic Association*.

14 Do meu artigo não publicado, "Homosexuality in homosexual and heterosexual men", apresentado num encontro da Associação Americana de Psicanálise em maio de 1985 em Denver, Colorado. O artigo foi publicado mais tarde em *The psychology of men*, editado por Gerald Fogel, Frederick Lane e Robert Liebert (Nova York: Basic Books, 1986).

15 Melvin Stanger, *PANY Bulletin* (1985):10-11.

16 Carta datada de 16 de fevereiro de 1988, do presidente do comitê programático, resumindo as razões pelas quais meu artigo "Gay men and their relationships" foi rejeitado.

17 "Uma vez que o homossexualismo por si só não implica uma diminuição da capacidade de discernimento, estabilidade, confiabilidade ou capacidades profissionais e sociais em geral, fica determinado que a Associação Americana de Psiquiatria deplora qualquer discriminação pública ou privada contra os homossexuais em áreas tais como trabalho, moradia, acomodações públicas e certificações, e declara que nenhum limite de julgamento, capacidade ou confiabilidade devem ser impostos aos homossexuais mais do que a qualquer outra pessoa. Além disso, a Associação Americana de Psiquiatria apóia e incentiva a proclamação da legislação dos direitos civis em nível local estadual e federal que ofereceria aos cidadãos homossexuais as mesmas proteções asseguradas aos outros. Mais ainda, a Associação Americana de Psiquiatria apóia e incentiva a anulação de toda legislação discriminatória que rejeite destacar atos homossexuais com a anuência de adultos em particular."

18 Artigo de Ken Hausman, *Psychiatric News*, 21 de julho de 1989.

19 Carta de Homer C. Curtis, *Psychiatric News*, 15 de dezembro de 1989, p. 50.

20 "American academy condemns discrimination against gays", *Psychyatric News*, 19 de outubro de 1990.

21 "American psychoanalytic association opposes discrimination against homosexuals", *Psychiatric News*, 2 de agosto de 1991.

22 A declaração a respeito do homossexualismo adotada pelo conselho executivo em 9 de maio de 1991 com emenda de 30 de abril de 1992 afirmava:

> A Associação Americana de Psicanálise se opõe e deplora a discriminação pública ou privada de indivíduos homossexualmente orientados, mulheres ou homens.
>
> É posição da Associação Americana de Psicanálise que nossos institutos selecionem seus candidatos para treinamento com base em seu interesse pela psicanálise, talento, educação apropriada, integridade psicológica, e pela sua possibilidade de ser analisado e educado e não por sua orientação sexual. Espera-se que nosso institutos assumam estes padrões para seleção de candidatos para treinamento e para a sua designação para os cargos de todos os níveis, inclusive os de treinadores e supervisores.

23 "American psychoanalytic association goes a step further to eliminate bias against homosexual applicants", *Psychiatryc News*, 17 de julho de 1992, p. 16.

24 Richard Isay, "Homosexuality and psychiatry", *Psychiatric News*, 7 de fevereiro de 1992, p. 3.

25 O artigo a seguir foi enviado para alguns psicanalistas e outros profissionais da área de saúde mental, junto com a solicitação de se filiar à NARTH:

> A Associação Nacional para Pesquisa Psicanalítica e Terapia da Homossexualidade foi fundada em março de 1992 por psicanalistas e indivíduos psicanaliticamente educados que acreditam que o homossexualismo é um distúrbio de desenvolvimento tratável. Atendemos vários homens e mulheres homossexuais profundamente angustiados por sua condição. O homossexualismo é completamente contrário aos seus valores sociais e religiosos e à sua convicção de que todos os homens e mulheres nascem naturalmente heterossexuais.
>
> Nossos métodos de tratamento foram criados para aqueles que voluntariamente procuram nossa ajuda e que desejam pesquisar a origem de seu distúrbio e sua possível cura. Há muitos que não desejam mudar sua adaptação psicossexual e nós respeitamos sua decisão de não procurar ajuda. Também temos consciência de que em certos tipos de homossexualismo não é aconselhável tentar grandes mudanças.
>
> Esta organização foi formada para amenizar o efeito de alguns movimentos perturbadores surgidos recentemente entre os meios da psiquiatria e da psicologia. A edição de 7 de fevereiro de 1992 do *Psychiatric News* editado pela Associação Americana de Psiquiatria publicou um artigo de Richard Isay, M. D., na coluna "From the President" com endosso do presidente da Associação Americana de Psiquiatria, Lawrence Hartman, M. D.. Este artigo contém dois conceitos errados. O primeiro se refere aos psicoterapeutas que tratam de homossexuais como detentores de um terrível preconceito contra estes pacientes. O segundo afirma que um médico que se esforça por "transformar um homossexual em heterossexual revela um dos mais flagrantes e freqüentes abusos ocorridos na psiquiatria na América."
>
> Nosso objetivo é a cura e a proteção daqueles que em desespero procuram a nossa ajuda. Queremos ser livres para tratar – com métodos psicanalíticos e psicoterapêuticos estabelecidos – aqueles pacientes que nos procuram e estão dispostos a se submeter ao tratamento.

Esperamos que este esclarecimento a respeito de nossos métodos de trabalho com os pacientes sirvam como antídoto para a tendência atual de nos acusar de "abusarmos da psiquiatria". Não somos uma organização política nem desejamos diminuir os direitos de homens e mulheres homossexuais na sociedade.

26 Citado no *American Psychoanalyst* (1993), 27 (1):30.

27 Registro do *Committee on issues of homosexuality*, 5 de abril de 1993.

28 Ralph Roughton, "Letter to the editor", *American Psychoanalyst* (1992), 26(3). Veja minha carta resposta em *American Psychoanalyst* (1993), 27 (1):31.

29 Medida adotada pelo conselho executivo em 20 de maio de 1993.

30 Citado no *NARTH Bulletin* (abril 1995), 3 (1):11.

SOBRE O AUTOR

Richard A. Isay é formado em medicina com especialização em psiquiatria e mora em Nova York. Atende pacientes e dá aulas de psiquiatria na faculdade de medicina da Universidade de Cornell. É membro do Centro de Treinamento e Pesquisa Psicanalítica da Universidade de Columbia e vice-presidente da Associação Nacional de Saúde de Gays e Lésbicas.

APÊNDICE BRASILEIRO

Grupos e instituições de apoio a gays, lésbicas, bissexuais e transgenéricos

As informações dadas abaixo foram fornecidas pelas próprias instituições e não são de responsabilidade desta editora. Ao contatar qualquer uma delas, sugerimos que use o mesmo bom-senso empregado para lidar com pessoas desconhecidas. Dê seu apoio e dedique seu tempo a todas as causas que achar válidas, mas afaste-se prontamente de qualquer situação que o/a deixe desconfortável. O movimento por nossos direitos precisa abranger toda a nossa diversidade, e não exigir que nos adaptemos a ele.

Caso deseje que sua entidade seja citada nos apêndices dos livros das Edições GLS ou que algum dado seja corrigido, por favor escreva para a caixa postal 12952, cep 04010-970, São Paulo, SP.

Instituições que prestam atendimento psicológico ou dão informações

ABSEX - Associação Brasileira de Sexologia
R. Vergueiro, 727 7º andar conj. 708
01504-001 Paraíso
São Paulo SP
Fone/fax (011) 2793234

Centro de Estudos e Pesquisas da Sexualidade Humana
(Instituto Kaplan)
R. Pinto Gonçalves, 28
05005-010
São Paulo SP
Fone (011) 36760777
SOS-SEX (011) 2628744

O instituto oferece atendimento psicológico sobre questões de sexualidade e tem um serviço de orientação sexual por telefone (SOS-SEX), pelo qual resolve dúvidas sobre sexo, corpo, saúde e doenças sexualmente transmissíveis. A instituição oferece ainda orientação para indivíduos e grupos, incluindo adolescentes, que desejem saber mais sobre sua sexualidade para vivenciá-la com bem-estar.

CEPCoS – Centro de Estudos e Pesquisas
em Comportamento e Sexualidade
R. Traipu, 523
01235-000
São Paulo SP
Fone/fax (011) 36623751
e-mail cepcos@uol.com.br

Grupo de estudos que faz pesquisa sobre comportamento e sexualidade. Mantém um seminário continuado de estudos sobre sexualidade para profissionais que o integram, como meio de instrumentalizar os próprios membros. O grupo mantém um serviço voluntário de resposta a cartas contendo dúvidas sexuais e faz encaminhamentos para outros centros em vários estados do país.

Centro de Estudos Carrion e Pesca de Psicoterapia Sexual
Av. Carlos Gomes, 75 conjunto 402
90480-003
Porto Alegre RS
Fones (051) 3284725 / 2222556

Centro de Referência Campos Elíseos
a/c Grupo de Orientação aos Trabalhadores do Sexo
Al. Cleveland, 374
01218-000 Campos Elíseos

São Paulo SP
Fone (011) 2225527

Clínica Integrada de Psicologia e Sexologia
SRTVN Quadra 701 conjunto C
Centro Empresarial Norte
torre B sala 427
70710-200
Brasília DF
Fone (061) 3295464
Fax (061) 3271411
e-mail cips@essencial.com.br

Instituto de Terapia e Pesquisas Clínicas
Cesex
Edifício Office Center
SGAS 915 lote 71
bloco A salas 306-307
70390-150
Brasília DF
Fone (061) 3460607
Fax (061) 3468850

Instituto H. Ellis
Departamento de Clínica Psicológica e Terapia Sexual
R. Traipu, 523
01235-000
São Paulo SP
Fone/fax (011) 36623139
e-mail oswrod@uol.com.br

Subgrupo do Instituto H. Ellis, que é um centro multidisciplinar para diagnóstico e terapêutica em sexualidade, esta unidade atende, além de disfunções sexuais masculinas, questões femininas e de transexualidade. Trata-se de uma clínica particular com psicoterapeutas experientes nas questões sexuais e comportamentais.

Projeto Etcétera e Tal
Rua Dronsfield, 353
05074-000 Lapa

São Paulo SP
Fone (011) 8318924

A atividade central do projeto é a realização de trabalhos na área de psicologia/psicanálise, privilegiando aqueles que se percebem com problemas quanto à sua sexualidade. Outra preocupação é a transmissão do saber produzido a respeito das ditas minorias sexuais através de palestras, cursos e workshops. O projeto atende as demandas de psicoterapia individual, grupo, familiar e apoio.

PROSEX – Projeto Sexualidade
Instituto de Psiquiatria do Hospital das Clínicas
Faculdade de Medicina da Universidade de São Paulo
R. Ovídio Pires de Campos s/nº
05403-010
São Paulo SP
Fone (011) 30696982

Presta atendimento psicológico a pessoas com todo tipo de distúrbios sexuais, desde impotência até transexualidade. Em seu amplo leque de atividades, inclui o apoio a indivíduos angustiados com sua homossexualidade.

SBRASH – Sociedade Brasileira de Sexualidade Humana
Av. Bem-Te-Vi, 333 conjunto 81
04524-909
São Paulo SP
Fone (011) 5425830
Fax (011) 8428453

Entidade que busca o aprimoramento profissional e científico de estudiosos e profissionais que lidem com aspectos da sexualidade humana. As principais vertentes tratadas pela Sociedade dizem respeito à educação sexual, terapia sexual, e aos diferentes enfoques biopsicossociais da sexualidade. A SBRASH promove cursos, palestras, eventos e edita a *Revista Brasileira da Sexualidade*, seu *Boletim Informativo* e um boletim bibliográfico, o *Index Brasileiro de Sexualidade*.

Grupos de defesa dos direitos das minorias sexuais

AMHOR – Articulação do Movimento Homossexual do Recife
Caixa Postal 3656
Recife PE
Fone/fax (081) 2316115

CAEHUSP – Centro Acadêmico de Estudos Homoeróticos da Universidade de São Paulo
Caixa Postal 392
01059-970
São Paulo SP
Fone (011) 2205657

Casa de Apoio Brenda Lee
R. Major Diogo, 779
01324-001 Bela Vista
São Paulo SP
Fone (011) 2392500

Coordenação de Direitos Humanos e Cidadania
Praça Montevideo, 10
90010-170
Porto Alegre RS

CORSA – Cidadania, Orgulho, Respeito, Solidariedade e Amor
Caixa Postal 2422
Al. Barros, 86 conj. 2B
01060-970
São Paulo SP
Fone (011) 36666699 (recados)

Grupo de emancipação das minorias sexuais, faz reuniões regulares, tendo inclusive uma coordenadoria separada para mulheres.

Expressão – Grupo de Defesa dos Direitos Humanos de Homossexuais
Caixa Postal 1500
13001-970
Campinas SP
Fone/fax (019) 2340663

Grupo que discute a situação dos homossexuais e luta por seus direitos, organiza festas e eventos para a prevenção de doenças sexualmente transmissíveis e da AIDS e edita um informativo mensal colorido, *O babado*, contendo assuntos variados.

GAI – Grupo Arco-Íris de Conscientização Homossexual
Rua do Bispo, 316/805
20261-062 Tijuca
Rio de Janeiro RJ
Fone (021) 5680227
e-mail lfreitas@ax.apc.org

Grupo de gays e lésbicas que promove reuniões semanais com dinâmica de grupo para a livre expressão do indivíduo, organiza projeções de filmes, responde à correspondência de pessoas que estejam vivenciando a homossexualidade com angústia e problemas, e organiza projetos de prevenção à AIDS.

Gays e Lésbicas do Partido Socialista dos Trabalhadores Unificados (PSTU)
R. Jorge Tibiriçá, 238
04126-000
São Paulo SP
Fone (011) 5499699
e-mail sede.pstu@mandic.com.br

GGA – Grupo Gay de Alagoas
R. Barão de Atalaia, 513
57020-570
Maceió AL
Fone/fax (082) 2215788

GGB – Grupo Gay da Bahia
Rua do Sodré, 45
40060-160 Dois de Julho
Salvador BA
Fone (071) 3222552

GIV - Grupo de Incentivo à Vida – Núcleo Somos
R. Capitão Cavalcante, 145
04054-000
São Paulo SP
Fone (011) 50840972
Fax (011) 50840255

GLB – Grupo Lésbico da Bahia
Caixa Postal 6430
40060-970
Salvador BA
Fone (071) 2434902
Fax (071) 3846080

O grupo publica material e promove reuniões para a divulgação dos direitos das lésbicas. Combate ainda o preconceito e instrui quanto às doenças sexualmente transmissíveis.

GRAB – Grupo de Resistência Asa Branca
Caixa Postal 421
60001-970
Fortaleza CE

A entidade tem como objetivo a emancipação dos homossexuais, fazendo reuniões semanais para discussão de problemas, organizando campanhas contra a violência, oficinas de sexo seguro, e debates e palestras sobre cidadania e a condição homossexual.

Grupo Astral
R. Frei Caneca, 139
22211-010
Rio de Janeiro RJ

Fone (021) 2322181
Fax (021) 2322181 / 2054796

Grupo Brasileiro de Transexuais
Caixa Postal 1097 c/ Astrid Boostein
78005-970
Cuiabá MT
Fone (065) 6442933

Grupo de apoio, divulgação de informações e defesa dos direitos dos transexuais.

Grupo Cidadania Gay
Caixa Postal 100241
24001-970
Niterói RJ
Fone (021) 7143954
Fax (021) 5418865

**Grupo Dignidade de Conscientização
e Emancipação Homossexual**
Caixa Postal 1095
80001-970
Curitiba PR
Fone/fax (041) 2223999
e-mail tonidavid@avalon.sul.com.br

O grupo faz reuniões semanais de gays, lésbicas e travestis, tendo como objetivo a conscientização da sociedade para com os direitos dos homossexuais e a luta contra o preconceito. Organiza ações públicas e responde a cartas sobre homossexualismo.

Grupo Filadélfia de Travestis e Liberados
Praça Rui Barbosa, 23 4º andar
11010-130
Santos SP
Fone (013) 2396060

Grupo Habeas Corpus Potiguar
Caixa Postal 576
59025-020
Natal RN
Fone (084) 2233705

Grupo Homossexual de Pernambuco
R. Vidal de Negreiros, 96 ap. 110
54110-052
Jaboatão PE
Fone (081) 4811728

Ipê-Rosa
Caixa Postal 114
74001-970
Goiânia GO
Fone (062) 2243131
Fax (062) 2252453

MEL – Movimento Espírito Lilás
R. Gen. Osório, s/nº
58001-970 Centro
João Pessoa PB
Fone (083) 2413921

Movimento Gay Independente 28 de Junho
R. Dr. Honorato de Moura, 137
02733-050 Freguesia do Ó
São Paulo SP
Fone (011) 8780650

Movimento D'Ellas
Caixa Postal 44019
22062-970
Rio de Janeiro RJ
Fone (021) 2876507
Pager (021) 5341636 código 6460882

Movimento Transexual de Campinas
Rua João Tosello, 151
13056-636 Recanto do Sol II
Campinas SP
Fone (010) 2667396 c/ Bianca Magro

Grupo de apoio, divulgação de informações e defesa dos direitos dos transexuais.

Nuances – Grupo pela Livre Orientação Sexual
Rua Vieira de Castro, 22
90040-320
Porto Alegre RS
Fone/fax (051) 3334126

O grupo tem por objetivos trabalhar pelos direitos políticos, civis e sociais de gays, travestis, lésbicas, bissexuais e todos aqueles que sofrem qualquer tipo de discriminação ou violência devido à sua orientação sexual.

Núcleo de Gays e Lésbicas do Partido dos Trabalhadores – GO
Rua 260, número 105
74000-000
Goiânia GO
Fone (062) 2616813

Núcleo de Gays e Lésbicas do Partido dos Trabalhadores – SP
R. Conselheiro Nébias, 1052
01232-010
São Paulo SP
Fone (011) 36661034

Rede de Informação Um Outro Olhar
Caixa Postal 65092
01390-970
São Paulo SP
Fone/fax (011) 2845610
e-mail outroolhar@ax.apc.org

RENTRAL – Rede Nacional de Travestis Liberados
R. Frei Caneca, 139
22211-010
Rio de Janeiro RJ
Fone (021) 2322181

Saphos
R. Siqueira Campos, 1100
Caixa Postal 2554
90001-970
Porto Alegre RS
Fone (051) 2433700

Vinte e Oito de Junho
Caixa Postal 77097
26001-970
Nova Iguaçu RJ

IMPRESSO NA
sumago gráfica editorial ltda
rua itauna, 789 vila maria
02111-031 são paulo sp
telefax 11 **2955 5636**
sumago@terra.com.br

------- dobre aqui -------

CARTA-RESPOSTA
NÃO É NECESSÁRIO SELAR

O SELO SERÁ PAGO POR

A/C AVENIDA DUQUE DE CAXIAS
01214-999 São Paulo/SP

------- dobre aqui -------

edições

CADASTRO PARA MALA-DIRETA

Recorte ou reproduza esta ficha de cadastro, envie completamente preenchida por correio ou fax, e receba informações atualizadas sobre nossos livros.

Nome: _____ Empresa: _____
Endereço: ☐ Res. ☐ Coml. _____ Bairro: _____
CEP: _____ - _____ Cidade: _____ Estado: _____ Tel.: ( ) _____
Fax: ( ) _____ E-mail: _____ Caixa postal: _____
Profissão: _____ Data de nascimento: _____

1. Você compra livros:
☐ Livrarias ☐ Feiras
☐ Telefone ☐ Correios
☐ Internet ☐ Outros. Especificar: _____

2. Onde você comprou este livro? _____

3. Você busca informações para adquirir livros:
☐ Jornais ☐ Amigos
☐ Revistas ☐ Internet
☐ Professores ☐ Outros. Especificar: _____

4. Áreas de interesse:
☐ Auto-ajuda ☐ Biografias / Relatos
☐ Literatura ☐ Literatura erótica
☐ Psicologia ☐ Política / Direitos Humanos
☐ Saúde ☐ Religião / Esoterismo
☐ Viagens ☐ Outros: _____

5. Sugestões: (se necessário, utilize o verso)
_____

6. Gostaria de receber, em envelopes discretos, lacrados e opacos, o catálogo da editora? ☐ Sim ☐ Não

Indique alguém que gostaria de receber a nossa mala-direta

Nome: _____ Empresa: _____
Endereço: ☐ Res. ☐ Coml. _____ Bairro: _____
CEP: _____ - _____ Cidade: _____ Estado: _____ Tel.: ( ) _____
Fax: ( ) _____ E-mail: _____ Caixa postal: _____
Profissão: _____ Data de nascimento: _____

Edições GLS

Caixa postal 12952   CEP 04010-970   São Paulo - SP   Brasil   Tel (011) 3872 3322   Fax (011) 539 2801